O português que nos pariu

Sumário

Prefácio

A primeira edição de O *português que nos pariu* é do ano 2000, minha contribuição à comemoração dos 500 anos do descobrimento. "Achamento", preferem hoje classificar os lusos. Concordo com a definição e vou além: "oficialização da posse". Desde o último quarto do século XV, Lisboa tinha certeza da existência de terras além do mar-oceânico.

O português que nos pariu é também uma homenagem aos meus bisavós maternos de Viana do Castelo e à minha avó carioca, mas educada na cidade do Porto. Amei demais esta avó, cresci na casa dela. Nas minhas lembranças, vovó Maria, capaz de resolver qualquer encrenca, sempre aparece sorrindo. Ternura e força, suas lições mais concretas. Minha prima/irmã Maria Aparecida aprendeu mais do que eu a conciliar características tão díspares. Tudo bem. Com alguns anos extras de análise, alcançarei a sabedoria de ambas e, sem perder a delicadeza, igualmente conseguirei vencer as quedas de braço existenciais. Por enquanto, apenas não perco a pose. Vovó Maria não viveu em vão.

Sou brasileira, orgulhosamente brasileira. Mas, desde que nasci, convivo com portugueses. Imigrantes, não imigrantes e de todas as classes sociais: pobres e ricos, simples ou intelectualmente sofisticados. Curiosamente, jamais ouvi alguém pavonear os feitos do país que nos séculos XIV, XV e XVI ensinou novos e definitivos caminhos ao mundo. Nunca entendi os motivos de eles esquecerem, e deixarem esquecer, uma nobilíssima caminhada de conquistas e de sucessos.

Graças ao *Português que nos pariu*, comecei a decifrar algumas razões do aparente descaso com o passado: o uso político da História durante parte do século XX, o discreto temperamento português, desconforto com a lembrança da opulência perdida. O fato de nós, os lusófonos, não pertencermos à elite tecnológica e econômica do mundo ajuda a jogar para escanteio as extraordinárias aventuras portuguesas. Se pertencêssemos, a História não seria ensinada como o é às criancinhas do Primeiro Mundo: navegando sob bandeira espanhola, o genovês Cristóvão Colombo descobriu a América; o espanhol Vasco Balboa foi o primeiro a enxergar as águas do oceano Pacífico. Fim do capítulo *Grandes Navegações*.

Para os cidadãos do andar de cima já não interessa a bravura exposta em carne viva nos "mares nunca dantes navegados". Como sabemos, dá as cartas quem tem dinheiro. Como não temos, alguma sumidade pedagógica internacional decidiu, um dia, que a epopeia lusa não passava de "coisa de pobre". Sendo assim, as louras e lindas criancinhas *tops* não precisavam aprender um dos mais belos capítulos do desenvolvimento humano: o que discorre sobre a "Nasa medieval" localizada em Portugal, o laboratório da filosofia, das técnicas e das ciências que deram o pontapé inicial na nossa contemporânea globalização. Coitadas, elas não sabem o que estão perdendo. Não há livro de aventuras que se iguale às aventuras que os portugueses realmente viveram.

Se Colombo chegou à América — tal assunto renderia novo livro; pessoalmente, não creio que ele fosse genovês e, muito menos, que descobriu a América por obra e graça dos reis talibãs, quero dizer, católicos — e Balboa extasiou-se diante do que chamou de *Mar del Sur*, foi porque Portugal lhes entregou o quadrante, o astrolábio e os mapas.

Desde os anos 1200, os portugueses desenvolviam a ciência náutica. Foram eles os responsáveis pelo conhecimento dos mares, correntes, marés e regimes de ventos. Pela evolução da astronomia e da cosmografia. Pelo desenvolvimento dos instrumentos essenciais à arte de marear. Pela sofisticação da cartografia. Aqui cabe uma informação interessante: em 1507, *seis anos antes* de Balboa descobrir o oceano Pacífico, o padre alemão Martin Waldseemuller, orientado por informações de navegadores anônimos e de Américo Vespúcio, desenhou um mapa que, popularmente, é conhecido por Mapa de Waldseemuller. Este mapa localiza, com erros mínimos de latitude e longitude, acidentes geográficos da costa *ocidental* das Américas. Aponta o cabo Horn (ao lado, o brasão português de cinco quinas indica quem chegou ali primeiro), revela a existência dos Andes e mostra a região onde, em 1513, Balboa se deslumbraria com *la Mar del Sur*. O mapa, repito, foi elaborado em 1507, com informações recolhidas em viagens realizadas ao menos dez anos antes. Afinal é preciso ver, rever, explorar, observar e registrar. Ninguém tropeça numa variação de relevo discutindo futebol e, em dois minutos, pode jurar que ele está plantado exatamente num determinado local. Cartografia não é atividade de amadores e Martin Waldseemuller é considerado um dos melhores profissionais de sua época.

Historiadores com mestrado e doutorado ainda se mostram atônitos ante as revelações da carta topográfica encontrada em 1901, entre os badulaques da família do príncipe alemão Johannes Waldurg-Wolfegg. Em 2003, confirmada a sua autenticidade, a Biblioteca do Congresso dos Estados Unidos comprou-a por 10 milhões de dólares, o mais alto preço já alcançado por um documento. Entende-se o interesse norte-americano. No início do século XXI, o Waldseemuller foi rebatizado como *Certidão de Nascimento da América* porque nele, pela primeira vez, vê-se grafado sobre o território do Novo Mundo o seu nome definitivo: América. Espertíssimo, o Vespúcio. Crônicas da época descrevem-no como falastrão e sedutor. Devia ser mesmo, convenceu Waldseemuller a homenageá-lo nas terras recém-descobertas

Enquanto se discute como ocorreu tal milagre cartográfico — a quase exata posição geográfica de um local antes de sua descoberta oficial —, eu proclamo que, salvo se o padre Martin fosse um *alien* de vanguarda, capaz de, na horas vagas, "transportar-se" para um mundo ainda desconhecido, a verdade é muito simples: este mapa é a impressão digital do povo português. No século XV só ele reunia as condições tecnológicas para realizar viagens de tal magnitude. O Mapa de Waldseemuller é a pá de cal no lero-lero sobre a era dos descobrimentos. Bem antes do que supõe a Historiografia oficial, nossos antepassados lusos contornaram o Novo Mundo. Não fosse assim, Waldseemuller desenharia as cinco quinas ao lado do cabo Horn por quê?

Resumindo: as descobertas, todas elas, quando não realizadas pelos portugueses, receberam o apoio da ciência náu-

Angela Dutra de Menezes

O português que nos pariu

Edição revista, atualizada e ampliada

2ª EDIÇÃO

EDITORA RECORD
RIO DE JANEIRO • SÃO PAULO
2010

CIP-Brasil. Catalogação-na-fonte
Sindicato Nacional dos Editores de Livros, RJ.

Menezes, Angela Dutra de
M51p O português que nos pariu / Angela Dutra de
2ª ed. Menezes. – 2ª ed. – Rio de Janeiro: Record, 2010.

ISBN 978-85-01-08763-8

1. Portugal – História. 2. Portugal – Civilização. I. Título.

09-3573 CDD: 946.9
CDU: 94(469)

Capa: Carolina Vaz

Editoração eletrônica: Abreu's System

Texto revisado segundo o novo Acordo Ortográfico da Língua Portuguesa.

Impresso no Brasil

ISBN 978-85-01-08763-8

Em memória de João Jorge Gaio Junior, o bisavô
que, sem saber, me trouxe para o Brasil.

tica lusa. Nenhum outro país, além de Portugal, conseguia se lançar no assustador mar-oceano. Ou iam os Manuéis e Joaquins ou eles permitiam que outros fossem, fornecendo-lhes informações, rotas e tecnologia. Claro, desde que lhes interessasse ou lhes proporcionasse lucro fácil, lógica vigente em qualquer relação desde o início do mundo. O fato, senhores e senhoras, é que, naqueles idos, ou Lisboa dava o seu *nihil obstat* à pretensão de alguém sair remando sem destino ou nada feito.

O Mapa de Waldseemuller sublinha outro importante detalhe que justifica o atual mutismo luso sobre a sua fantástica história de dono do mundo: faltou — ainda falta — uma boa assessoria de marketing. A política da boca de siri, essencial para preservar as terras recém-encontradas, acabou incorporada ao espírito português. Sobrevive até hoje. Acredito já ter passado a hora de Portugal colocar a boca no trombone para apregoar este seu belíssimo período de coragem, audácia e inteligência. Como se diz no Brasil, quem não chora não mama. Eu cansei de tropeçar em livros de História, — principalmente, os ingleses — que, solenemente, ignoram a existência portuguesa. É só "a Espanha fez isto", "a *Ibéria* fez aquilo". Sobre Portugal, nem uma palavra. Ou abrimos os olhos ou, breve, a epopeia dos lusos incríveis e suas máquinas navegadoras será definitivamente varrida para debaixo do tapete.

Reclamações colocadas à mesa, mais uma novidade medieval para adoçar os nossos apressados espíritos pós-modernos: a unidade de velocidade marítima, o "nó", também é invenção portuguesa. De uma lógica, *pá*, transcendental. O capitão pegava uma corda e escalava uns gajos para dar um nó na distância equivalente ao comprimento da caravela. A cada comprimento, um nó. Depois, amarrava-se uma das pontas da corda num barquinho, que ficava a bordo da nau-capitânia até a esquadra alcançar o oceano. Só então lançava-se o barquinho ao mar. Na outra ponta da corda, após jurar que não colocaria o dedo no nariz, um marinheiro debruçava-se na amurada com uma ampulheta numa das mãos e a segunda ponta da corda, na outra. À medida que a barquinho se afastava da caravela, a corda desenrolava, os nós iam caindo na água e a ampulheta marcava o tempo. Uma equação envolvendo o número de nós mergulhados, o tamanho da caravela, o tamanho do barquinho e o tempo gasto calculava a distância percorrida. Sinceramente, não faço a menor ideia de como se resolve esta equação. Mas o Google informa que, hoje, um *nó marítimo* corresponde a 1, 8 quilômetros/hora.

Este excesso de criatividade e ousadia, Portugal usou para povoar e colonizar o Brasil. De tanto admirar "causos" mirabolantes, decidi escrever *O português que nos pariu*, narrando fatos e citando personagens que marcaram indelevelmente a História e a Cultura brasileiras. Nesta nova edição, revista e ampliada, muita gente boa ainda ficou de fora. Inclusive o capitão luso Pedro Teixeira, que, em 1637, comandando cerca de 80 soldados e algumas centenas de índios, saiu de Cametá, margem esquerda do rio Tocantins, e subiu o rio Amazonas para incorporar a área — uma Giselle Bündchen geográfica, a mais cobiçada do mundo — ao mapa do Brasil. De propósito, também não conto o milagre das fortificações portuguesas construídas, apesar da ausência de imagens geradas por satélites, em locais estrategicamente perfeitos. O assentamento do Forte Príncipe da Beira (estado de Rondônia, margem direita do rio Guaporé, fronteira do Brasil com a Bolívia) chega a emocionar. Inaugurado em 1783 — seus cinco canhões levaram seis anos viajando três mil quilômetros desde o litoral atlântico —, o Príncipe da Beira não poderia estar em ponto mais acertado. Na década de 1980, um estudo de fotografias aéreas provou que a sua localização é perfeita. Louve-se o faro português que, no *olhômetro*, plantou uma sólida construção militar exatamente onde ela deveria ficar.

Novidades reservadas para o próximo *O português que nos pariu*. Na edição atual, revi os 18 textos originais e acrescentei mais dois: um sobre Pedro Álvares Cabral, que "achou" o Brasil assinando o nome Pedro Álvares Gouveia — só virou Cabral após a viagem —, e outro sobre a infanta espanhola Carlota Joaquina, de quem muito se fala...mal. Carlota, realmente, não foi flor que se cheirasse. Mas há uma aura romântica à volta desta mulher que lembra o coronel Aureliano Buendía, do livro *Cem anos de solidão*. Buendía promoveu 32 revoluções e perdeu todas. Exatamente como a valente Carlota Joaquina, derrotada em todas as conspirações que tramou. Mas nem a nossa personagem histórica nem a fantástica de Gabriel García Márquez jamais deixaram de, novamente, recomeçar. Só que Buendía não era feito de carne, osso, medos e decepções.

Comecemos, pois, a conhecer o português que nos pariu. Afinal, quem era ele?

A receita de um luso de boa cepa está nas páginas seguintes.

Angela Dutra de Menezes
Rio de Janeiro, 2009

Receita de português

Coloque uma vasilha dentro d'água. A massa só alcançará o ponto exato se os ingredientes forem misturados em recipiente mergulhado na água salgada. Senão, a receita desanda.

Ingredientes:

— Homens pré-históricos do vale do Tejo e do Sado.

— Um punhado de povos indígenas, principalmente Lusitanos. Se possível, da tribo liderada por Viriato.

— Celtas (apenas para polvilhar).

— Romanos.

— Bárbaros: Alanos caucasianos, Vândalos germânicos e escandinavos, Suevos e Visogodos germânicos. Estes últimos dissolvidos na civilização romana.

— Mouros: tribos islamizadas do Marrocos e da Mauritânia.

— Uma pitada de árabes.

— Judeus sefarditas (ibéricos). Coloque um punhado entre um ingrediente e outro, reserve a porção maior para o final da receita.

— Cristãos a gosto.

Modo de fazer:

Coloque na vasilha os pré-históricos. Dê preferência aos que apresentarem as características físicas do português contemporâneo: estatura mediana e dolicocéfalos. A arqueologia prova que os pré-históricos ibéricos já se assemelhavam aos gajos pós-modernos. Ora, pois...

Tampe a vasilha com um pano úmido. Espere-os fermentar até se transformarem em tribos pacíficas e receptivas a ondas migratórias oriundas de vários pontos europeus. Não se preocupe se alguns, sorrateiramente, fugirem pela borda. O ancestral do português já cultivava vocação *viajeira*, muitos chegaram à Inglaterra e à Normandia. Apenas oriente os neofujões para não tomarem o rumo de Brasília. Nunca se sabe o que lhes pode acontecer.

Polvilhe um pouco de Celtas. Além do charme, você vai introduzir o domínio da metalurgia e a vocação para o esoterismo. Afinal, quem não gosta de druidas? Além de estarem em moda, eles acrescentarão o toque exótico ao paladar do prato.

Lentamente, despeje os romanos. Atenção: vai sair pancadaria. Maneje com calma a colher de pau para driblar Viriato e outros caudilhos que não apreciarão o novo ingrediente. Cuidadosamente, misture os revoltosos, os romanos e as tribos que se lixaram para a invasão romana. No fim, dará certo. É questão de paciência.

Bata levemente durante 500 anos. A massa crescerá e revelará um povo urbano, meio escravo/meio livre, que falava latim vulgar e sofisticou o comércio e a agricultura. Enfim, quase um luxo.

Introduza os Bárbaros. Primeiro os Alanos, Vândalos e Suevos. Capriche nos Suevos pois eles chegam para marcar presença: adoram trabalhar com enxadas e logo escolherão terras para cultivar. Por favor, convença-os a abandonar os instrumentos agrícolas às margens da vasilha. Alguém pode quebrar o dente quando o português for servido.

Descanse a colher de pau. Os romanos embolaram tanto o meio-de-campo que a turma abriu os braços para os novos conquistadores. Deixe a natureza agir. Você verá que, infiltrados na massa, estes bárbaros inaugurarão a era dos portugueses de olhos claros — um charme.

Adicione os Visigodos romanizados ou Federados, como os romanos chamavam os povos conquistados que, de rabo entre as pernas, lutavam para defendê-los. Espertamente, o Império de Roma utilizava a estratégia de lançar bárbaros contra bárbaros. Igual aos norte-americanos contemporâneos, que engrossam o seu exército com os negros e os latinos da periferia. Alguém duvida que a História se repete?

Misture cuidadosamente. Este momento é delicado: o sucesso do português dependerá, exclusivamente, de sua competência culinária. O gosto dos Visigodos deve sobrepor-se ao dos Vândalos e dos Alanos. Apenas suavemente os bárbaros vencidos perfumam o prato — quase uma especiaria, o toque de classe.

Quando Vândalos e Alanos se dissolverem, bata vigorosamente, pois Visigodos e Suevos tenderão a encaroçar por 150 anos. Mantenha-se atento à receita. Não pare de bater nem mesmo quando os Visigodos argumentarem serem os inventores do *status quo* da sociedade medieval portuguesa: clero, nobreza e povo (grande novidade...). Faça-se de surdo e, até o último Visigodo desmanchar, capriche em revolver a massa. Afinal, Visigodos são guerreiros. Podem armar uma falseta e solar o português.

Espere inúteis três séculos — Visigodo é um chuchu histórico, só faz volume, não larga gosto — e jogue os árabes e mouros. A massa ficará mais encorpada, adquirirá novos contornos, novas falas, novas técnicas, uma nova arquitetura. O sociólogo brasileiro Gilberto Freyre, autor de *Casa-grande & senzala*, assinala que é neste momento que surge o português típico, além de um original subgrupo característico do Norte, emblemático da milenar cruza de raças: homens morenos, cabelos castanhos, escuros olhos mouros, com barba e bigode louros ou ruivos.

O Brasil, que — no final do século XIX, início do XX — recebeu maciça imigração de lusitanos do Norte, tem incontáveis homens morenos de barba clara. A maioria não sabe, mas eles são os representantes tropicais da malemolência lusa, useira e vezeira em misturar o próprio sangue ao sangue dos visitantes. Eta povo hospitaleiro, este que nos descobriu.

Amasse, delicadamente, os islâmicos e os judeus sefarditas que, aos punhados, você veio introduzindo entre um e outro ingrediente. Deixe-os descansar, eles se aglutinarão naturalmente. Naquele tempo, os dois povos, amigos, interagiam sem culpas.

Nesta altura, o português estará quase pronto. Agora, basta levar ao forno bem quente — eles são passionais, não assam em banho-maria.

Com o açúcar, faça uma calda em ponto de bala. Adicione cristãos a gosto, de todos os matizes e origens. Está pronto o português.

Desenforme e sirva-os ao Novo Mundo.

Que o Brasil foi descoberto pelos portugueses, todo mundo sabe. Mas, agora, todo mundo também sabe quem são os portugueses. Gente valente, encontro de muita gente, todas se misturando no pequeno território da ponta meridional da Europa — o oceano defronte, sempre desafiando.

Habituado a conviver com o novo, o português não se intimidou. Desbravou mares, conquistou continentes, tornou-se dono do mundo. Pena que por pouco tempo, mas esta é outra história.

Nós, brasileiros, refletimos o povo que, de tanto se misturar, aprendeu o amável jeito de olhar além da pele, dos caracteres físicos. Mas, na contramão, descobriu a hipocrisia, excelente aliada se a maior necessidade é tentar sobreviver. Lá e aqui somos céticos, sonsamente mentirosos. Em excesso de verdades, constitui tolice acreditar numa só.

Filósofos de alta linhagem recorreram a argumentos morais e teológicos para avalizar o dúbio caráter português. Os ibéricos Averróis e Maimônides — um islâmico, o outro, judeu, ambos do século XII — construíram sistemas de ideias legitimando o fingimento. O primeiro afirmou que verdades podem ser racionalmente corretas, embora a fé as invalide. O segundo, pragmático, defendeu o direito moral de, intimamente, alguém professar uma fé enquanto, para consumo público, finge rezar à outra. Sutil jogo de cintura que o brasileiro entendeu e resumiu em frase de exemplar sabedoria: a necessidade faz o sapo pular.

A propalada democracia racial brasileira é parte da ambígua herança do branco colonizador. Viciado no embolar com estranhos, os portugueses inventaram os mulatos, enquanto arquitetavam a ideologia da segregação. Tudo ao mesmo tempo, servido em bandeja de prata e temperado pelo axioma do amor cristão. Discurso lindo, realidade nem tanto. Mas a gente continua discursando e fingindo que acredita. Sobrevivemos assim há milênios — os fatos importam pouco, importante é o que se diz.

Apesar dos pesares, palmas para o português, gênio na política de miscigenação. Nunca um país tão pequeno, com tão poucos habitantes — 2 milhões, se tanto, no início do século XVI —, povoaria um país de dimensões continentais se não viesse disposto a criar mestiços.

Foi ordem de *El Rey*, o venturoso dom Manuel: "Misturem o nosso sangue". Grande dom Manuel, sabia direitinho que se Portugal evitasse os *diferentes*, acabaria engolido por eles. Invasão após invasão, os lusos aprenderam a conviver com a ameaça: se o perigo mora ao lado, melhor é bancar o esperto e, com um sorriso nos lábios, tentar enfiá-lo no bolso. Oportunismo? Talvez. Mas, convenhamos, o resultado é positivo. O importante é que o português, ele mesmo cozido em caldeirão de muitos temperos, ensinou-nos a manha de nunca morrer.

Claro, houve desvios nesta rota de convivência pacífica — cada qual, discretamente, disputando a melhor brasa para assar sua sardinha. A Santíssima Inquisição, de tenebrosa memória, foi uma real ruptura no jogo de aparências que construiu o Além-Mar. Mas, quando a Igreja Católica oficializou as fogueiras, o português já se graduara doutor nas artes da malandragem. Driblou, com enorme competência, as chamas do Vaticano.

Outro enredo, agora de angústia e dor. Você lerá daqui a pouco. Só para lhe despertar a curiosidade: o Brasil é um país de cristãos-novos, ou judeus convertidos à força. Os famosos degredados, na maior parte das vezes, eram judeus se escondendo, tentando sobreviver sem abdicar da fé.

Quem disse que o nosso "jeitinho" não é herança lusa?

Afonso Henriques, o pai da pátria (Coimbra, 1109 — Coimbra, 1185)

Ninguém merece mais o título de Pai da Pátria do que o infante Afonso Henriques, filho de dona Teresa, bastarda do rei Afonso VI de Leão e Castela. Pouca gente sabe. Mas, graças à esperteza política de Afonso Henriques, Portugal foi a primeira nação europeia a se estabelecer como Estado independente. Antes do ano 1200, Portugal já era Portugal. Com direito, inclusive, a língua própria: o galaico-português.

A história de Afonso Henriques é rocambolesca. Gênio, estadista, raposa política, vitorioso, implacável, espertíssimo. Tudo que pôde manipular a seu favor, manipulou sem escrúpulos. Para iniciar a trajetória de vitórias e fundar um reino, mandou a mãe para o espaço. Naquele tempo, porém, ninguém cogitou a possibilidade de Portugal ser consequência de um tremendo Complexo de Édipo mal resolvido. Até porque Freud nem pensava em nascer.

O avô de Afonso Henriques destacou-se como um dos homens mais poderosos de sua época. Amigo pessoal de Santo Hugo — que desconhecia a futura promoção celestial, mas construía a Abadia de Cluny, o maior templo que a cristandade jamais erguera —, Afonso VI tirou do próprio bolso, ou dos cofres públicos, grande parte dos recursos que financiaram o sonho de Hugo. Bem relacionado com os outros reis cristãos, influente, excelente jogo de cintura, Afonso VI, entre uma e outra doação a Cluny, acabou conseguindo casar a sua bastarda com o conde Henrique de Borgonha. Família finíssima, não era assim, toda hora, que um Borgonha se misturava a gente, digamos, malnascida. Mas, sabe como é, o conde, filho caçula do herdeiro do herdeiro do ducado de Borgonha, não tinha um centavo. Lutava na Reconquista para arrumar um troco e ficou extasiado quando Afonso VI lhe acenou com a possibilidade de ele casar com Teresa. Uma bastarda? Fazer o quê?

Henrique titubeou, mas a oferta veio embrulhada para presente. Ele levaria a noiva e, de quebra, o Condado Portucalense, terras a leste de Castela que, há tempos, ensaiava a gracinha de andar com os próprios pés. Afonso VI não gostou ao saber da pretensão libertária do condado e resolveu matar dois coelhos numa cajadada só. Em 1092, reuniu as duas unidades condais da região — ao norte e ao sul do rio Douro — e determinou que o novo e único condado seria herança de Teresa. E do marido dela, claro. Urraca, a filha legítima, sentaria no trono de Leão e Castela, como ensinavam as regras da moral e dos bons costumes.

Mais do que carinhoso e preocupado papai, Afonso VI tentava ampliar o seu poder e garantir domínio sobre maior extensão de terras. Tiro pela culatra. Tão logo ele meteu o bedelho no Condado Portucalense, a nobreza local iniciou um forte movimento separatista.

Coitado de Henrique de Borgonha, estrepou-se nesta história. Além de gerar a genialidade de Afonso Henriques, pouco lucrou com o casamento. Para um homem de sua estirpe deve ser humilhante passar à posteridade como simples reprodutor. Bem, mas a culpa coube ao sogro. Afonso VI, ao engendrar a novela, cometeu um de seus poucos erros políticos. Não levou em conta nem o bairrismo do Condado Portucalense, nem a possibilidade de alguém armar uma falseta.

O próprio neto se encarregou de armá-la. Afonso Henriques tinha 20 anos quando o avô morreu. Se famílias se estraçalham por causa da baixela de prata da vovó, imaginem quando a briga é por uma coroa. Desentenderam-se todos. Urraca discutiu com o bispo de Compostela, atritou-se com o rei de Aragão, cuspiu desaforos para o conde da Galícia, fez e aconteceu. Acometida de olho-grande, síndrome que costuma atacar herdeiros menos favorecidos, Teresa desandou a arquitetar alianças desastrosas procurando mais poder. Quem sai aos seus, não degenera.

De repente, Teresa deu o passo fatal. Pensando em anexar Portucale à Galícia, ela se aliou aos galegos, tradicionais rivais dos barões de Portucale.

Tal atitude era desconhecer o filho, um menino que emitira sinais de seu gênio, no bom e no mau sentido, aos 13 anos. Nesta idade, na cerimônia em que o sagraram cavaleiro na catedral de Zamora, Afonso Henriques mandou o bispo às favas e ele mesmo se sagrou. Recusou a mediação divina. Igualzinho a Napoleão, alguns séculos mais tarde — se o infante falasse francês, língua de *sofisticados*, os compêndios de História nunca teriam esquecido este feito.

Dizem, não há provas documentais, que o avô inchou de orgulho com a petulância do fedelho. É pena que tanto talento vá morar em Portugal, teria comentado Afonso VI.

Fofoca, naturalmente. Portugal e Espanha cultivam uma antipatia milenar, todo mundo sabe disto e não perde ocasião de jogar lenha na fogueira.

Enfim, com tal filho nas mãos, dona Teresa, além de se aliar aos galegos, apareceu com outro conde debaixo do braço, contando uma história trôpega de "apoio político". Armou-se o circo. Com 21 anos, Afonso Henriques cercou Guimarães e declarou uma briga de gafieira: quem está fora, não entra; quem está dentro, não sai. Nem mamãe, suposta rainha do condado.

É bom que se diga: igual ao avô, o infante não dava ponto sem nó. Já farejara que, sem chance na linha sucessória de Leão e Castela, precisava abrir o próprio espaço. Se queria reinar — e queria —, seu lugar era no condado materno.

Tudo aponta para o fato de que o infante apenas capitalizou o antigo desagrado da nobreza portucalense. Desagrado acentuado quando Teresa enfiou os galegos no caldeirão. O esperto Afonso Henriques já observara que, além do anseio de se libertar de Castela, as cidades de Portucale identificavam-se cultural e ideologicamente. Não parecia empreitada difícil transformá-las em unidade política. Teresa apenas forneceu a justificativa para o infante virar a mesa.

Contando assim, parece fácil. Não foi, senão qualquer pessoa faria. Afonso Henriques comportou-se com enorme sensibilidade. Agiu na hora certa, com os aliados certos, da maneira certa. Não deu um passo em falso. Foi o perfeito animal político do início ao fim de sua história. Fez a História. Tolos eram os que o cercavam, incapazes de observar a genialidade do príncipe enquanto ele armava os botes.

Os habitantes de Guimarães, liderados pela nobreza e pela burguesia, receberam o infante libertador de braços abertos — existe uma carta provando este apoio. Mas Teresa ainda tentou combatê-lo. A batalha aconteceu em 1128, no campo de São Mamede, perto do castelo de Guimarães. Primeira vitória do infante. Ele mesmo se surpreendeu com a facilidade com que derrotou o exército galego e expulsou a rainha e seu conde. Em documento, ditado a alguém de letras, declarou: "*Eu, o infante Afonso, filho do conde Henrique, livre já de toda a opressão,* (...) *na posse pacífica de Coimbra e todas as cidades de Portugal* (...)."

Pronto, o Condado Portucalense começava a escorregar para dentro de seu bolso. Daí para a frente, cabia a ele segurar a peteca e combater quem lhe atrapalhasse os sonhos. Os maiores inimigos, claro, os mouros, invasores do território. Os infiéis, audaciosos, cada dia avançavam sobre uma cidade nova. O infante combateu-os sem tréguas, venceu todas as batalhas. Cada islâmico enxotado significava o crescimento dos territórios cristãos. Portugal deve a Afonso Henriques alguns mil quilômetros quadrados. Embora, naquela época, ninguém falasse em quilômetros, principalmente quadrados.

Nas disputas de fronteiras, os primos Afonso VII e Fernando II, ambos de Castela, também levaram umas cacetadas. Terras, sempre o domínio de terras, o motivo principal do excesso das escaramuças. Fernando II, quando *El Rey* já era *El Rey*, realizou a proeza de prendê-lo em Badajoz. Ficou de queixo caído com a riqueza do soberano vizinho. De resgate, Afonso Henriques pagou quase duas toneladas e meia de ouro. Na maior facilidade e sob os delirantes aplausos dos conterrâneos que não queriam perdê-lo de jeito nenhum. Se o homem nascera rico, neto de feudo importante, enricara ainda mais no próprio reinado, com o produto dos saques, os lucros de cada batalha.

Para alcançar tal prestígio, Afonso Henriques suou. Passou a vida combatendo e costurando acordos políticos. O primeiro, com a Igreja Católica, pedra angular de qualquer poder na baixa Idade Média. Quem não recebia a bênção episcopal podia procurar novo emprego. Logo após a vitória de São Mamede, Afonso Henriques estabeleceu os limites de sua relação com a Igreja. Espertamente, cedeu em tudo. Sabia onde pisava, os clérigos detinham força demais, não podiam ser contrariados.

Em troca do apoio amplo, geral e irrestrito, o arcebispo de Braga manteve os privilégios sobre a *sua* cidade. De quebra, recebeu o direito de cunhar moedas. Não satisfeito, o infante custeou a construção da catedral de Braga, abarrotou os piedosos cofres, reconheceu a autoridade divina sobre a sua e não deixou de prestigiar todos os eventos da fé cristã. Espanto: os sucessivos arcebispos de Braga cumpriram a sua parte. Durante os quase 60 anos de reinado, não abandonaram Afonso Henriques. Uma relação perfeita. Se casamentos transcorressem assim, advogados de família morreriam de fome.

A arraia-miúda conventual colaborou da melhor maneira possível. Em textos da época, monges do Mosteiro de Santa Cruz, em Coimbra, não economizaram elogios a Afonso Henriques: "(...) *prudente, sábio, inteligente, belo, gigante, leão rugidor* (...)". A se crer nestas palavras, Afonso Henriques era quase uma comissão de frente de escola de samba. Depois da batalha de Ourique, então, os frades começaram a delirar. Na opinião deles, o infante, "(...) um *eleito de Deus para provar a autonomia de Portugal e dos portugueses* (...) ", tornara-se digno de todos os louvores.

Antes de Ourique, divisor de águas na vida de Afonso Henriques e na História lusitana, o infante resolveu outros problemas. O primeiro, mostrar ao clã castelhano que a conversa mudara.

Em 1135, contornadas as controvérsias sobre a sucessão de Afonso VI, o filho de dona Urraca subiu ao trono com o título de Afonso VII. A cerimônia na catedral de Leão, organizada pela Rosa Magalhães, ocorreu no clima barroco-apoteótico, bem ao estilo da campeoníssima carnavalesca carioca. Escândalo é pouco para definir o carro abre-alas. Encarapitado na mais alta plataforma, dom Afonso VII acenava para a multidão. *Ma-ra-vi-lho-so*. Da família, só Afonso Henriques não compareceu. Perdeu a maior boca-livre. Mandou comprar um *Big Mac*, mas ficou satisfeito. Mostrara, de uma vez por todas, que o Condado Portucalense não prestava vassalagem ao soberano de Leão e Castela e que ele era tão rei quanto o primo recém-coroado. Apesar da ausência de estandartes e adereços.

Afonso VII retaliou a desfeita e os dois andaram se estranhando. Em 1137, assinaram a Paz de Tui, onde Afonso Henriques se comprometeu a prestar a Afonso VII "(...) *fidelidade, segurança e auxílio contra os inimigos*". Não existem documentos claros sobre este período mas, provavelmente, nosso infante levou uma corrida. Não corresponde à personalidade dele assinar um documento humilhante. A sorte é que assinou e não respeitou. Ou não seria Afonso Henriques, ancestral de muito brasileiro sério. Em 1143, o papa Inocêncio II precisou enviar um cardeal para apaziguar os primos. Porém, antes, aconteceu Ourique. Milagre, juram alguns. Tramoia de Afonso Henriques, aponta a lógica. Afinal, convenhamos, Jesus Cristo não flana por aí, batendo papo com infantes, na maior naturalidade.

Tudo sobre Ourique são conjeturas. Mas a história é tão importante que marcou o imaginário português, permanece no brasão do país — cinco escudos de cinco quinas, cada qual com cinco bolas representando os cinco reis mouros degolados na batalha — e, finalmente, tornou Afonso Henriques um rei de fato e de direito. Até hoje, historiadores portugueses discutem o episódio.

Alexandre Herculano (1810-1877) encarregou-se de tornar Ourique ainda mais célebre ao afirmar que a batalha não passava de lenda. Portugal, ultracatólico e conservador, veio abaixo. Instalou-se um Deus nos acuda. Acusaram-no de herege — é bom lembrar que último herege lusitano tinha ido para a fogueira apenas um século antes, tempo historicamente insignificante —, de anticlerical, de ateu, de agnóstico, de... Bem, é melhor pararmos aqui.

Historiadores contempotâneos tendem a colocar Ourique no devido lugar. De concreto, sabe-se que ocorreu uma batalha no dia 25 de julho de 1139, que o exército mouro era numericamente superior e que a vitória coube a Afonso Henriques. Desconfia-se, também, da participação de Afonso VII, naquela altura sitiando Aurélia, cidade islâmica de enorme importância estratégica. Ao receber a notícia de que o infante efetuava uma *razzia* (tipo de combate adotado por portugueses e mouros: ambos se infiltravam em território inimigo, destruíam o possível e fugiam correndo), Afonso VII ajudou a meter o primo na enrascada. Mexeu seus pauzinhos e conseguiu desviar o exército muçulmano, que marchava em socorro a Aurélia, para destruir o infante português. Pode ser, a participação de Afonso VII não passa de mais uma hipótese.

Nem o local da batalha é preciso. A cidade de Ourique é tão ao sul de Lisboa, tão no interior dos territórios mouros, que parece impossível uma tropa expor-se a tanto risco. Mas existem registros de outras *razzias* ousadas. Por outro lado, no início da Idade Média, chamava-se o Baixo-Alentejo de Ourique. Lenda e História se confundem, sem decifrar os mistérios.

A versão popular da batalha de Ourique conta que Afonso Henriques combateu um imenso exército islâmico, matou cinco reis mouros e colocou o resto da multidão para correr. Tudo em um dia. Especial favor de Cristo Nosso Senhor que, na véspera, apareceu ao infante, com quem conversou amigavelmente. Apenas Afonso Henriques viu Cristo — que, aliás, surgiu escoltado de anjos. Apenas Afonso Henriques ouviu-O garantir a próxima e espetacular vitória lusa.

O moral da soldadesca alcançou as nuvens quando eles souberam quem lhes fizera uma visitinha. Além do mais, 25 de julho é dedicado a Santiago, o mata-mouros, santo que jamais abandonava cristãos em perigo. Especialista em degolas, Santiago trabalhava com eficiência invejável. Foi o primeiro humano do planeta a saber o lugar exato das carótidas — não perdia uma. Andou longo tempo aposentado mas, nos últimos anos, dá o ar de sua triste graça nas lamentáveis degolas do Oriente Médio. Enfim, cada país é um país; cada cultura, uma cultura; eu não estou aqui para meter o bedelho em assuntos outros. A nós interessa que, em Ourique, tudo colaborou para o sucesso de Afonso Henriques.

Batalha vencida, povo em delírio, igreja desvanecida. O infante passou a se intitular "rei dos portugueses". Neste momento, definiu-se a identidade lusa. Afinal, estabelecera-se um importante diferencial: em qual lugar o rei conversava, ao vivo e em cores, com as hostes celestiais?

Ourique reforçou Afonso Henriques politicamente. A Igreja explorou o milagre, os nobres ofereceram mais apoio, o povão passou a venerá-lo. Em 1143, quando o Cardeal Guido de Vico, emissário do papa, reuniu o infante e Afonso VII em Zamora, território de Leão, para tentar convencê-los de que a animosidade entre ambos favorecia os infiéis, Afonso Henriques jogou outra cartada genial. Alegando o milagre de Ourique, escreveu a Inocêncio II, reclamando para si e para seus descendentes o *status* de "censual". Ou seja, dependente apenas de Roma. Dentro de seu território mandava ele, só ele e seus herdeiros. Estamos conversados.

O Vaticano custou a responder. Na verdade, exatos 36 anos. E só respondeu depois que Afonso Henriques acelerou o processo com uma esmolinha de mil moedas de ouro. Quando, em 1179, a Igreja de Roma, finalmente, reconheceu a realeza de Afonso Henriques, o ansiado (e caríssimo) aval do papa já perdera a importância. Mesmo sem o apoio de Sua Santidade, a independência se consumara, Portugal afirmara sua soberania e o infante encerrava a vida de estadista como um rei de primeira grandeza.

Mas em Zamora, no encontro entre os primos e o cardeal, Afonso Henriques colheu um lucro imediato. Afonso VII tirou o cavalinho da chuva e entendeu que o infante português jamais lhe prestaria vassalagem. Por conta própria, começou a tratá-lo de igual para igual.

Engana-se quem pensa que a vida de Afonso Henriques resumiu-se a trançar fofocas políticas, fazendo e desfazendo aliados. O homem parecia uma fera. Lutava ao lado dos soldados, sem exigir continência ou frescuras de hierarquia. Com a justificativa de expulsar infiéis, ampliou consideravelmente o território português. Lisboa, Santarém, Almada, Óbidos, Palmela, Cezimbra. Combate após combate, destruindo mouros como quem destrói ratos, Afonso Henriques construiu o seu reino. Na reconquista, praticou a política de terra arrasada. Matava o que se movia, queimava o resto. Quase um milênio antes de os americanos levarem uma corrida dos subnutridos vietcongues, Afonso Henriques adotou táticas de guerrilha. Comandando um exército pequeno, ele entendeu que a sua vantagem morava na surpresa. Os generais da época caíram do salto com a ousadia do infante de romper com as tradicionais regras de batalha. Mas Afonso Henriques sabia que para morrer ou vencer ninguém precisa seguir um figurino.

Nosso rei aprontou novidades. Em combates longos, contratava mercenários. Geralmente cruzados, a caminho da Terra Santa, aproveitando a escala em Portugal para um servicinho extra: degolavam alguns islâmicos, recolhiam sua parte nos saques. O cerco de Lisboa, em 1147, seguiu este *modelito*. Entre portugueses e cruzados ávidos por lucro fácil, Afonso Henriques reuniu centenas de milhares de homens e cerca de 150 navios.

A reconquista de Lisboa é um triste e belo episódio da História portuguesa. Afonso Henriques exagerou em violência. Redimiu-se, mais tarde, com a *Carta de segurança* de 1170, que proibia cristãos e judeus de maltratar os mouros da região de Lisboa. Definitivamente, o homem gostava de grandes e inesperados gestos.

Costumava agir por baixo dos panos, pré-estreia do jeito brasileiro. O bandoleiro Geraldo Sem Pavor, que saracoteou desenvolto em terras de Castela, provavelmente agiu com carta branca de Afonso Henriques. Se o infante não podia invadir propriedade alheia, um preposto oficioso podia. Nunca ninguém provou nada, mas os cavaleiros de Geraldo

Sem Pavor pertenciam ao Conselho de Coimbra. É difícil imaginar que tais cidadãos agissem sem aprovação real.

O infante que pretendia ser rei virou mito. É impossível separar verdade e lenda na biografia de Afonso Henriques. Ele antecedeu o seu tempo, revelando-se um gênio de extraordinária visão política e indiscutível coragem moral. Dele restam poucos registros escritos pelos monges de Santa Cruz — até porque, além dos monges, ninguém mais sabia escrever, nem Afonso Henriques.

Os relatos da época — descontados os elogios de praxe — delineiam um perfil justo, generoso e irreverente. Retratam um caráter corajoso, sujeito a crises de cólera, capaz de atos violentos e de reconhecer os próprios erros. Elogiam a frugalidade à mesa e ressaltam a tendência conquistadora. Não apenas de poder e de terras. De mulheres, também.

Casado com a discreta Mafalda de Saboia — que lhe deu sete filhos, entre eles, o herdeiro Sancho —, Afonso Henriques reconheceu quatro bastardos. Um registro de 1184 descortina um inesperado pai carinhoso. Quando uma de suas filhas legítimas casou com o conde de Flandres, Afonso Henriques não titubeou. Para alegrar a noiva, mandou encher vários navios com o que existia de mais fino. A infanta portuguesa não pôde se queixar. As naus abandonaram o porto de Lisboa abarrotadas de vestidos bordados a ouro, joias preciosas, sedas, mais ouro, mais joias, tudo para mimar a alegre menina, filha de pai poderoso.

O testamento de Afonso Henriques, primeiro rei do primeiro país europeu a adquirir consciência de sua nacionalidade, revela que, até na morte, ele se comportou como estadista. Sua imensa fortuna, amealhada em mais de meio século de guerras e saques, confundia-se com o tesouro português.

O rei a destinou ao fortalecimento da nação. Por ordem dele, centenas de milhares de maravedis foram entregues à defesa: *El Rey* pressentia que os mouros preparavam um contra-ataque. Outra centena de milhares serviu para construir hospitais e sustentar ordens religiosas e militares. Os mais pobres receberam seu quinhão. Construíram-se igrejas e catedrais. Conventos acolheram doações e sobreviveram durante anos. Ao herdeiro, Sancho I, Afonso Henriques deixou a única recomendação geopolítica: uma ponte deveria ser construída entre o norte e o sul do país para que não se perdesse a unificação que ele custara a fazer e a manter. Pena não existirem registros que mostrem se Sancho obedeceu, ou não, às ordens paternas.

Afonso Henriques, o fundador de Portugal, morreu no dia 6 de dezembro de 1185, em Coimbra. Seu corpo foi enterrado no Mosteiro de Santa Cruz.

Reconquista ou onde nasceu o cordial temperamento brasileiro

Os reis que sucederam Afonso Henriques continuaram a política de reconquista do território ocupado pelos mouros. Durante mais dois séculos, os portugueses pouco fizeram além de brigar com os muçulmanos. Alguns lusos entraram nesta guerra acreditando que expulsar infiéis constituía um genuíno ato de fé cristã. Outros aproveitaram a chance para aumentar, através dos saques, as fortunas pessoais. Havia, ainda, os idealistas e os pragmáticos — sempre os há. Estes detectaram na briga a bela chance de dilatar as fronteiras lusas até onde lhes permitissem os islâmicos e os espanhóis. Afonso Henriques não vivera à toa.

Não importa a razão que os moveu. Na Reconquista, todos os cristãos ibéricos concluíram um curso intensivo de degola, atividade utilíssima durante o longo tempo em que galinhas, para falecer por causas não naturais, precisavam de uma faca na garganta. Nenhum sociólogo se aventurou neste terreiro. Mas ainda está para nascer quem corte pescoços galináceos com mais competência do que os ibéricos — e, por extensão, os latino-americanos. Não por acaso, a mais saborosa galinha ao molho pardo é serviço de mineiro.

Para não acabarmos loucos com esta conversa, tanto que se tergiversa, vamos ao que interessa. Degolar é prática islâmica. A ordem está no Alcorão e se destina aos combatentes do *Jihad*:: "(...) *quando, no campo de batalha, enfrentardes os que descreem, golpeai-os no pescoço* (...)" (Sura 47, versículo 4). Céus, pobres franceses...

Tudo é uma questão de ponto de vista e cada fé cultiva as suas idiossincrasias. Islâmicos acreditam que a degola é indolor. Cristãos preferem a fogueira. Seguramente, as vítimas não gostam nem de um jeito, nem do outro. Talvez dona Inês de Castro — degolada em 7 de janeiro de 1355, por ordem do rei Afonso IV — pudesse esclarecer esta dolorosa dúvida. Meu Deus... eu prometo não mudar *mais* de assunto.

Durante o período da Reconquista — retomada do território português que permanecia em mãos infiéis —, os mouros acreditavam travar uma Guerra Santa. Portanto, não conversaram. Respeitando a sua crença, enfiaram as cimitarras em gargantas lusas na maior sem-cerimônia. Os cristãos acharam prático e aprenderam a lição. O português que nos pariu tornou-se mestre no assunto. Mais tarde, ensinou-nos a técnica. Nós, brasileiros, não decepcionamos: em dois tempos, tornamo-nos craques. Nas Guerras de Independência, no Contestado, em Canudos e durante a Revolução Federalista (Rio Grande do Sul, final do século XIX), cortamos gargantas em escala industrial.

Embora pareça estranho aos moradores das grandes cidades, degolar desafetos ainda é usual no interior do Brasil. No sertão nordestino, durante as eventuais "guerras de famílias" — prática que o folclorista Luís da Câmara Cascudo aponta como herança moura —, é comum o ajuste de contas através de degolas. O cangaceiro Lampião degolava os soldados que o combatiam. Estes, por sua vez, degolavam os cangaceiros. Na Guerra do Paraguai, a tropa brasileira afamou-se pela facilidade com que avançava na garganta inimiga. Em Canudos, os jagunços, além de degolar, cortavam a cabeça dos soldados governistas e as espetavam na vegetação, tática de amedrontamento adotada no Cerco de Lisboa, onde os cristãos decapitavam mouros em Sintra e espetavam suas cabeças diante dos muros da cidade sitiada. Fingimos ignorar, mas sabemos muito bem: ainda hoje, nas penitenciárias, os "traidores" morrem de estocada ou degolados.

Somos todos associados do Grêmio Recreativo e Cultural Moçárabes Unidos (ver "Nossos mestres desconhecidos", pág. 47). Também sabemos dissecar carótidas. Parece assustador, mas, em tempos idos, não impressionava a ninguém. Nem ao Vaticano, que, aliás, fazia vista grossa à prática. A Inquisição, instituída em 1231 pelo papa Gregório IX, ameaçava com a morte os soberanos que largassem hereges zanzando em seu território. Antes um pescoço mouro que o meu próprio, pensaram os vários reis portugueses. Então, a Península naufragou em sangue.

O período final das guerras da Reconquista coincidiu com a decisão papal de punir os heréticos com a pena capital. Sob o rótulo de heréticos foram embrulhados todos os que não professavam o cristianismo puro: cátaros, albigenses, maniqueístas, ateus (se existissem), islâmicos, judeus e, finalmente, a torcida do Flamengo. A história é longa. Mas, quando as terras lusas estavam praticamente reconquistadas — faltava apenas o sul do país —, a Europa entrou em pane e começou a voar por instrumentos. Seitas heréticas surgiam por todos os lados, o clero chafurdava na corrupção, o Islã aterrorizava e os nobres decidiram enfrentar a autoridade do papa. Portugal administrava uma guerra civil e, além dos mouros, enfrentava banditismo e desordens.

Em 1215, o papa Inocêncio III emitiu sinal de SOS e, antes de o continente espatifar-se, assumiu o comando. Mas apertou os botões errados e a nave europeia entrou em forte turbulência. Inocêncio III não tinha vocação nem para piloto de avião, nem para líder de uma religião supostamente amorosa. Provocou um desastre de proporções gigantescas.

Para começar, destruiu o rei Raimundo IV, de Toulouse, que se recusara a emprestar tropas para combater infiéis, preocupado que a alegada defesa da fé escondesse um plano político de desprestígio à nobreza. Grande Raimundo, pena ter cutucado a onça com a vara muito curta. Inocêncio excomungou-o, incendiou o seu palácio e distribuiu as suas terras a cristãos necessitados. Depois, baseado nos direitos grego, romano e no Evangelho de João, capítulo 15, versículo 6* — todos apoiando a morte para casos de heresia —, determinou que os reis católicos expulsassem os não católicos a *animaadversis debita*. Vale dizer, para não sofrerem a devida punição. Mais claramente, a morte. Ainda parecia pouco. Provando que não ocupava o trono de São Pedro para brincadeiras, Inocêncio III contratou cruzados e partiu para cima da nobreza francesa com a disposição de um pitbull.

Parece mentira, a Rede Globo ainda não existia, mas a notícia se espalhou. A novidade pegou Portugal em pé de guerra. O testamento do filho de Afonso Henriques, dom

---

**(...)* *Se alguém não permanece em mim, é atirado fora como um ramo e seca: são depois recolhidos e lançados ao fogo, e se queimam (...).*

Sancho I, obrigou seu filho, dom Afonso II, a brigar com as irmãs, parte da nobreza lusa, o exército de Leão, a nobreza de Castela, o clero português e, claro, os infiéis. Ufa, com papai tão diplomático, ninguém precisa de inimigos.

Mas Afonso II os tinha. Além dos familiares, uma multidão de descontentes. Sua política de vanguarda contra o feudalismo laico e eclesiástico forneceu-lhe um mar de desafetos. Coitado, brigou tanto que acabou se desentendendo com o arcebispo de Braga. Não há quem resista a tanta confusão, Afonso II morreu e ainda lhe negaram sepultura cristã — também, quem mandou brigar com o arcebispo, enquanto a Europa vinha abaixo?

Seu filho e herdeiro, Sancho II, ainda era criança. A nobreza mordeu os freios e o tumulto se alastrou. Enquanto isso, senhoras e senhores, continuavam rolando as guerras da Reconquista. Incrível, Portugal sobreviver a tantas frentes de luta. Mas sobreviveu e ainda expulsou os mouros. São desta época as campanhas de Elvas, Juromenha, Moura, Serpa, Aljustrel, Mértola, Aiamonte, Alcácer e, finalmente, Faro.

As batalhas contra os infiéis continuaram seguindo a política de terra arrasada e sacramentaram a degola como parte do *way of life* lusitano. A reconquista de Alcácer foi uma carnificina. Os cristãos que sitiavam a cidade acabaram, eles mesmos, sitiados. Novamente falou-se em milagre, apesar da discordância quanto a quem, desta vez, aterrissara para ajudar os lusos: se anjos ou santos. A História não esclarece a dúvida, mas registra a chegada de novo exército cristão, reforçado pelos cavaleiros templários, guerreiros respeitados. A batalha durou dois dias e deixou de saldo, em ambos os lados, indescritível número de gargantas cortadas.

Em Elvas repetiu-se o drama. A cidade pagou alto preço por sua fama de abrigar as mais belas mouras da península. Os cristãos degolaram todos os homens, violaram as mulheres, não deixaram pedra sobre pedra. Elvas marca o momento em que as tropas portuguesas já não paravam para pensar. Destruíam e seguiam em frente, num frenesi histérico de cortar mais gargantas.

Nesta confusão generalizada — entre um confronto e outro, cristãos e muçulmanos estapeavam os seus pares —, os cavaleiros lusos acabaram por encurralar o inimigo no Algarve. As guerras da Reconquista terminaram. Em 1249, o último mouro atirou-se no Mediterrâneo disposto a morrer afogado, não aguentava mais tanta chateação.

Também, coitado, quem corria atrás dele eram os cavaleiros da Ordem de Santiago, o santo especialista em carótidas (Ver "Afonso Henriques, o pai da pátria", pág. 25). É compreensível a atitude do cidadão, há quem prefira morrer afogado. Assim, a cidade do Faro, última em poder dos muçulmanos, aumentou o território português.

Do século VIII ao século XIII, guerras. Uma após a outra e sempre corpo a corpo. A degola, preconizada pelo Alcorão, foi divulgada ao vivo e em cores como eficaz instrumento de morte. Mouros usavam-na contra cristãos e estes aplicavam-na contra mouros e também contra cristãos. Não podia acabar diferente: nossos antepassados viciaram-se na arte de cortar pescoços. Via colonização — ou será carga genética? —, viciamo-nos também.

Nosso "cordial" jeito de ser nasceu nas guerras da Reconquista. Se não divulgamos o assunto, é porque também aprendemos que mentiras repetidas transformam-se em verdades: somos um povo afável, incapaz de matar moscas. A cordialidade brasileira iguala-se à nossa propalada democracia racial. Tanto a afirmamos que acreditamos nela.

O Alcorão e as guerras da Reconquista são as raízes históricas da tendência brasileira de atacar o inimigo à altura do pescoço. Há mil anos escutamos esta ordem. O preceito do *Jihad* incorporou-se à rotina das lutas tropicais. Se pensarmos bem, não há nenhum demérito. Para um combatente, qualquer guerra é santa, pois é santo o direito de salvar a própria vida.

Mesmo que à custa das carótidas alheias.

Nossos mestres desconhecidos

A História é escrita pelos vencedores. E, na Península, nem islâmicos nem judeus sefarditas (judeus ibéricos) conheceram um final feliz. Os primeiros foram chutados a pontapés para fora de Portugal e da Espanha. Os segundos, ou eram batizados à força com o nome de cristãos-novos ou terminavam na fogueira.

Mas existiam locais seguros, os sefarditas os conheciam.

No início da colonização brasileira, os judeus representavam a banda podre da sociedade portuguesa. À Coroa não interessava contar que parte daquela *gentinha* driblara a Inquisição. Bem ao estilo luso, fingiu-se não se saber que os sefarditas — cristãos-novos ou não — sobreviviam lépidos e fagueiros no Brasil.

Claro, ninguém duvida que, nas colônias, desembarcaram pencas de marginais dos quais o reino queria distância. Mas, sinceramente, está mais do que na hora de assumirmos que somos, principalmente, um país de cristãos-novos.

Para quem duvida, uma informação: entre 1501 e 1516, a recém-descoberta Terra de Santa Cruz estava arrendada a um grupo de cristãos-novos liderados por Fernão de Noronha. Sim, exatamente, o cidadão que batizou o arquipélago, um *must* do turismo ecológico.

Alguns historiadores defendem a tese de que, durante longo período, os cristãos-novos constituíram a maioria da população branca no Brasil. Em 1503, na região da futura capitania de São Vicente, entraram no Brasil dezenas de "convertidos". Através dos anos, milhares repetiram a mesma rota e o mesmo porto de entrada. A grande maioria dos bandeirantes paulistas era cristã-nova. Quanto mais eles se embrenhavam nas matas, mais chances de encontrar ouro e menos de esbarrar nas fogueiras. Pedro Vaz Coelho, genro de Fernão Dias Paes, orgulhava-se de anunciar a sua origem judaica. O isolamento do planalto de Piratininga — e o incentivo dos jesuítas — estimulou casamentos mistos. É rara a tradicional família paulista sem sangue hebreu nas veias.

O cristão-novo Bento Teixeira, autor de *Prosopopeia* (1601) e considerado o primeiro poeta brasileiro, nasceu em Portugal, mas veio para o Brasil com seis anos. Em casa, a mãe lhe transmitia as leis mosaicas. No colégio, os jesuítas ensinavam-lhe a rezar. Claro, Bento Teixeira cresceu pirado e considerou mais prático conservar as duas fés. Uma de coração, a outra para consumo público. Até a Inquisição desmascará-lo. Sua biografia tem um detalhe deliciosamente brasileiro. Em 1589, durante a primeira visitação do Santo Ofício ao Brasil, prenderam Bento Teixeira sob a acusação de práticas judaizantes. Acabou absolvido, o padre que o interrogava também era cristão-novo. Convenhamos, tanta solidariedade de classe, apenas nos trópicos. Seis anos depois, porém, não houve padre cristão-novo capaz de salvá-lo. Após a prisão, Teixeira foi levado a Portugal e só escapou da fogueira por confessar o crime de, intimamente, conservar a fé de nascimento. Ganhou, de brinde, a pena de prisão perpétua que, aliás, também conseguiu driblar. Grande Teixeira, primeiro urubu-malandro da História brasileira.

Em tempo — e antes que eu esqueça —, alguém sabia que o padre Antônio Vieira e Caramuru também eram cristãos-novos?

Logo após o descobrimento do Brasil, Portugal intensificou a perseguição aos judeus. Em 1506, ocorreu o *pogrom* de Lisboa. Em 1536, o reino oficializou a Inquisição, que já andara acendendo algumas fogueiras ilegais no Rossio. Para os perseguidos, o Brasil se transformou em opção segura. Os sefarditas embarcaram aos magotes. Se nunca ninguém parou para pensar por que, na cidade do Rio de Janeiro, o cemitério israelita de Vila Rosali fica em São João do Meriti, pode anotar que, tão logo chegaram ao Novo Mundo, os judeus trataram de se afastar da costa, fugindo das naus lusas. Entocaram-se na Baixada Fluminense, na época tão longe de Lisboa quanto, hoje, a Terra da Lua. Inacreditável, a Inquisição conseguiu encontrá-los.

Acreditando-se descendentes da tribo real de Judá, os sefarditas começaram a emigrar da Palestina para a Ibéria — *Sepharad*, em hebraico — desde tempos remotíssimos. Não se sabe exatamente quando a migração começou, provavelmente no século III d.C. Eles se mudaram aos poucos. No correr do tempo, formaram uma comunidade forte, rica e autossuficiente. Nunca deixaram de ser judeus. Respeitavam as regras religiosas e os seus rabinos consultavam o Talmude babilônico. Mas, na Península, os sefarditas adquiriram características próprias. Criaram o dialeto ladino — espanhol arcaico, escrito com caracteres semitas —, redigiram o próprio Talmude e prestigiaram festas que, para os asquenazes, grupo judaico da Europa Central, não tinham tanta importância. Por exemplo, a festa da rainha Ester. Não é difícil entender o especial respeito a uma rainha que precisou esconder as suas origens judaicas. A vida na Península escondia dissabores. No entra e sai de conquistadores (ver "Receita do português", pág. 17), os judeus transpiravam insegurança. Os mouros, com quem os sefarditas namoraram longo tempo, resolveram criar problemas quando a radical dinastia berbere Almôada tomou o poder aos Almorávidas, no século XII.

Os judeus ibéricos marcaram indelevelmente o caráter luso-brasileiro. Em nenhum outro país aconteceu o fenômeno de nacionalização do messianismo judaico, só em Portugal. Embora seja simplório afirmar que o movimento Sebastianista tenha apenas esta raiz, historiadores lusos reconhecem que Portugal sequestrou a expectativa do Messias judaico — que chegaria e, milagrosamente, libertaria o seu povo — e a transformou no Sebastianismo.

O Sebastianismo tomou tal proporções que acabou por não caber em si mesmo. Repartiu-se em vários outros movimentos, todos milagreiros: o rei que voltaria e devolveria a cidadania aos humilhados portugueses, a expectativa da iminente parusia, os movimentos heréticos que pregavam o final dos tempos. Canudos, Contestado, Cruzeiro-Novo, Cruzeiro-Velho, Cruzado, Cruzado-Novo, Mega-Sena, Loto, Quina. Gente, o papel principal da novela das oito... De qualquer jeito, milagre. Sempre a expectativa do milagre.

Todos os movimentos messiânicos brasileiros são filhos do Sebastianismo, ideologia adubada pela seiva sefardita.

Quem diria, no fim do século XX, início do XXI, os judeus ibéricos elegeram dois presidentes na República do Brasil. Durma-se com um barulho destes.

O povoamento do além-mar e o messianismo luso-brasileiro seriam suficientes para justificar a importância dos sefarditas. Mas eles fizeram mais. Deram-nos Maimônides (1135-1204), médico e filósofo neoplatônico que escreveu *O guia dos perplexos*. Inteligente e desafiador, Maimônides converteu-se ao islamismo à força, mas continuou praticando os dogmas de sua religião. Judaizava, como os cristãos se habituaram a dizer. Por este pecado, o condenaram à decapitação. Na última hora, salvou-o um vizir, que declarou a não validade das conversões forçadas.

Este episódio serviu de base às suas futuras pregações. Séculos mais tarde, durante a Inquisição e a Segunda Guerra Mundial, elas salvaram a vida de milhares de judeus, atentos à lição de Maimônides: em caso de necessidade, não há erro em professar uma crença e aparentar outra. (Ver "Receita de português", pág. 17).

No dia a dia, os sefarditas, proibidos de comer porco, ensinaram-nos a refogar no azeite, introduziram no cardápio legumes e verduras, instituíram os bons modos à mesa — sinal de respeito a Deus e ao próximo. Também nos induziram ao gosto pela música e estimularam a vaidade feminina. Apenas detalhes. A *nação* preferia armar a festa na área política.

Nova Amsterdã, cidade que originou Nova York, é obra dos sefarditas procurando, pelo mundo, lugar para chamar de "seu". Pelo mesmo motivo, o conde Maurício de Nassau — principal executivo da Companhia das Índias, primeira multinacional do mundo, empresa de judeus sefarditas exilados na Holanda — invadiu Pernambuco. A batalha de expulsão do invasor holandês é considerada o marco inicial do sentimento de brasilidade. Vira e mexe, em nossa História, a gente tropeça em dedinho sefardita.

Os islâmicos, que conquistaram a península Ibérica em 711, nada ficam a dever aos colegas judeus. Também tiveram extraordinária importância na formação do caráter português. É tão grande a presença islâmica na cultura brasileira que espanta o desconhecimento da origem de certos hábitos. Os versículos 23 e 24 do capítulo 18 do Alcorão ensinam: "(...) *e nunca digas de coisa alguma, sim, farei amanhã, sem acrescentar: se Deus quiser* (...)". Se Deus quiser. Quantas vezes repetimos esta frase, ignorando se tratar de uma ordem do Islã?

Não adianta nos determos no óbvio. Todo mundo reconhece que palavras portuguesas iniciadas por *Al* e *El* são vocábulos árabes. Sabemos também que devemos a eles a introdução, em nosso cardápio, do açúcar de cana e do arroz. Rendemo-lhes honras pelas revolucionárias — para a época — técnicas de irrigação, admiramo-lhes a sabedoria de plantar em minifúndios, colhendo o máximo lucro.

Os mouros aprimoraram a higiene pois os preceitos sagrados impediam que uma pessoa rezasse sem lavar certas partes do corpo: rosto, pés, mãos, antebraço. Um luxo. Na Idade Média, as pessoas deixavam a roupa apodrecendo no corpo. Muito antes de alguém chegar, um aroma nauseabundo anunciava-lhe a presença. Através dos árabes e dos mouros, o português tomou gosto em contar e ouvir histórias, que paravam no momento em que os ouvintes, ansiosos, clamavam pelo desfecho — amanhã teria mais. Esta tradição oral encasulou na eletrônica. Alguém reconhece, hoje, nos capítulos de novela, remota influência islâmica?

Contam-se às centenas os jeitos que permanecem: a toada nordestina, medo de mau-olhado, uso de amuletos, mesas de quatro lugares, o jeito peculiar de encilhar os cavalos. Vejam os filmes de *cowboy* norte-americanos. O mocinho amarra o bornal na garupa. Ibéricos e brasileiros amarram-no à dianteira, igual os mouros faziam.

O machismo arraigado, varandas na arquitetura, arte da azulejaria. Em Portugal, os mouros dominaram cinco séculos. Se nossa língua salvou-se, devemos à Igreja católica. Foi ela quem a conservou, estimulando os moçárabes — cristãos fingindo-se de islâmicos — a falarem o recém-nascido idioma português, prova de nacionalidade e rejeição ao Profeta. Aqui para nós, travestir-se de moçárabe também era uma bela maneira de driblar os impostos. Muçulmanos não pagavam; católicos, sim. O português, cobra criada, tratou de virar islâmico. Ao menos de carteirinha.

Mas a importância fundamental da presença árabe na península Ibérica foi na Filosofia — o dinheiro lhes sobrava, podiam se dar ao luxo de sustentar intelectuais. Coube aos árabes a glória de introduzir, no Ocidente, o pensamento helênico. Socrátes, Platão, Aristóteles e outros menos votados já tinham sido traduzidos para o latim. Mas pela Igreja de Roma, que não perdeu a chance de enfiar sua colher, distorcendo originais em prol do fervor católico. Os árabes trouxeram os gregos, fundaram escolas de tradução — a mais badalada em Toledo — e traduziram do original direto às línguas vulgares, respeitando *ipsis litteris* os textos e seus autores. Um mundo de conhecimento ficou à disposição do distinto público.

Distinto público em termos, somente gatos-pingados sabiam ler. Mas vamos chamá-los de distinto público porque a possibilidade de acessar o pensamento grego caracteriza uma revolução. Tão grande e tão profunda que ainda permanece viva. No fim dos anos 1990, o papa João Paulo II reafirmou a importância da Escolástica, filosofia aristotélica de Santo Tomás de Aquino que, trocando em miúdos, tenta chegar à fé através da razão.

O pensamento do italiano Tomás de Aquino (1225-1274), sobrinho do imperador Barba-Roxa e doutor da Igreja, identificava-se com o de Santo Agostinho e o de Aristóteles. Escreveu, em 1270, o tratado *De unitate intellectus contra averroistas*, em que soltava farpas em direção ao filósofo Averróis. Disputa de egos é comum entre as estrelas. Também existia outro motivo: Aquino ensinava teologia na Universidade de Paris e, *noblesse oblige*, precisava manifestar desagrado com a genialidade islâmica. Mas, em seus textos, ele agradeceu aos que lhe ajudaram a "compreender". Cita, de próprio punho, Avicena, Al-Ghazali, Averróis, Isaque Israeli e Maimônides. A Igreja católica adotou a sua Lógica, apesar de, ainda hoje, manter-se surda ao melhor de seus conselhos: *locus ab auctoritate est infirmissimus*, "a autoridade é o argumento mais fraco". Em português claro, porrada não resolve problema. Se a turma do Vaticano tivesse compreendido, as fogueiras não arderiam tão dolorosamente.

Promovida a escola filosófica, a Escolástica permeia toda a ideologia cristã. Os filósofos islâmicos passaram sete séculos azucrinando a fé e a razão alheias, não se pode desprezar fato de tal importância.

Mas os pensadores muçulmanos não invadiram apenas a praia cristã. O pensamento judeu ibérico também bebeu nesta fonte. A cabala — sempre badalada, nunca explicada — é o movimento esotérico dos sefarditas. Suas raízes fincam-se em outro movimento esotérico: o sufismo islâmico, doutrina ascética que, pregando a união direta com Deus, esbarra no cristianismo oriental. Segundo a Cabala, Deus se manifesta através de símbolos. Supervalorizando a importância dos signos, os cabalistas viveram instigante experiência religiosa. Acreditando que, na Torá, dormiam mensagens não decifradas (e reservadas somente a iniciados), eles estudaram as sagradas escrituras, vasculhando o suposto hermetismo de cada palavra. Cursando estranhos caminhos, muita gente garantiu ter conversado com Deus. Entre Afonso Henriques e os cabalistas, o homem considerou necessário inventar novo sistema para contatos divinos. Entende-se, o *meeting* de Afonso Henriques terminara em pancadaria.

Levíssima pincelada em um dos momentos mais ricos do pensamento humano. Há milhares de livros escritos sobre esta época. Para nós, basta saber o quanto estes povos, a quem não prestamos atenção, mantêm-se presentes em nossos atos.

Sefarditas e islâmicos são os nossos mestres desconhecidos. Quem tentar decifrá-los se espantará com a riqueza de conhecimentos que, na Idade Média, as duas culturas detinham.

A pedrinha que jogamos na água forma círculos a distâncias inimagináveis. O saber é assim: importante é acompanhar o mergulho da pedrinha.

Flor do Lácio

"Última flor do Lácio, inculta e bela (...)"
Olavo Bilac, *A última flor do Lácio*

Nem Olavo Bilac, o príncipe dos poetas brasileiros, perdeu a chance de dar porrada na língua portuguesa. Chamou-a de flor, mas inculta. Como se nosso idioma fosse, apenas, uma loura burra. Bonitinha, mas ordinária.

Mania triste, esta, de desprezar as próprias características, depreciar o que é nosso. Gente, nós somos o máximo e falamos uma língua que de inculta não tem nada. É tão ou mais sofisticada quanto qualquer outra do planeta. O idioma português é convencido, faz questão de preservar a sua individualidade. Oferece aos usuários duas formas de futuro do subjuntivo — *quando eu for, quando eu quiser ir*. Permite uso de pronomes entre o verbo auxiliar e o principal — *hei de lhe oferecer* — e, em hora de pretérito, deixa com ele. Enquanto outras línguas equilibram dois verbozinhos até para descrever os eventos corriqueiros, a língua portuguesa é incisiva:

eu viajei, no lugar do cansativo *eu tinha (havia) viajado*. Que viagem longa, meu Deus, precisa de passaporte.

Em compensação — afinal, nada é perfeito —, nossa língua fraquejou e foi a única que, em 563, obedecendo ao Concílio de Braga, então capital do reino suevo, rebatizou os dias da semana. A homenagem aos deuses pagãos — *lunes, martes, jueves, mercredi, jeudi* — deu lugar a um monte de nomes tolos. Segunda-feira, terça-feira, quarta-feira. Nossa sorte é que sempre chega sexta-feira. Pelas bênçãos do Olimpo, no sábado a gente dorme.

Bilac que nos perdoe, mas a flor do Lácio está longe de ser um "rude e doloroso idioma". A língua portuguesa cultiva um complexo sistema fonético. Com *A, E, I, O, U* formamos sons diferentes, orais e nasais. Puro esnobismo, recusamo-nos a continuar com as consoantes latinas entre uma vogal e outra. Pai e cãibra nem parecem dividir o mesmo fonema. Assim como rei, papéis, viu, azuis — Nossa!, a lista é longa. Com o *O*, então, armamos a festa: loja, herói, ovo, sol, põe, som, e vai por aí afora. As consoantes não ficam atrás. Brincamos com a letra R, igual se brinca com um rato, ou brincamos com o carro. O mesmo se passa com o S, que finge ter som de *Z*, dependendo do lugar onde vive na palavra.

O português é plástico, facilita as descrições. Nosso temperamento barroco, apaixonado por penduricalhos, dá a mãozinha adicional, apelando a metafóras de gosto duvidoso. É só escutar os locutores de futebol. Chega a comover o arsenal de palavras para sensibilizar os senhores ouvintes: "a boneca está no papo, abraçadinha, abraçadinha, é goooollllll". Ou *golo*, preferem os irmãos lusitanos.

Pero Vaz de Caminha, o escrivão da frota de Cabral, usou a língua (epa...) na pujança possível e dentro das possibilidades do século XVI, *of course*. Sua carta — minuciosa e descritiva, mas resvalando no estilo oba-oba — é o documento que inaugura o Brasil. Esmiuçando as belezas da terra, ele carregou nas tintas. Não há quem desconheça que, aqui, em se plantando tudo dá. E não é que dá mesmo? Assombrado com os índios, derramou-se em poesia "(...) *andam nus* (...) *Nem fazem mais caso de encobrir ou deixar de encobrir suas vergonhas*".

Após levar dom Manuel às lágrimas, convencendo-o de que o Reino descobrira o paraíso, Caminha inaugurou o nepotismo tropical pedindo um favorzinho para o genro: "(...) *peço que, por me fazer singular mercê, mande vir da ilha de São Tomé a Jorge Osório meu genro — o que d'Ela receberei em muita mercê. Beijo as mãos de Vossa Alteza. Dêste Porto Seguro de vossa ilha de Vera Cruz* (...), *Pero Vaz de Caminha*."

Como se vê, a língua tem muitas funções, inclusive auxiliar os abusados a abrir os seus caminhos, espécie de carma cósmico que o português vem purgando pelos séculos.

Carmático, mas nobre. O português nasceu na maior família linguística do mundo: a indo-europeia. Esta família divide-se em nove subfamílias vivas: albanesa, armênia, báltica, celta, eslava, germânica, grega, indo-ariana e itálica ou latina — olha nós, sempre por último. Duas das subfamílias, coitadas, já faleceram: a anatólica e a tocariana. Atualmente, mais de 500 milhões de pessoas usam um idioma da família indo-europeia.

Quinta língua mais falada no mundo, o português chegou à península Ibérica com as tropas do Império Romano. Ou melhor, chegou o latim que, com o tempo, originou o português. Idioma oficial de Portugal, Brasil, arquipélagos de Açores e Madeira, Cabo Verde, São Tomé e Príncipe, Angola, Moçambique e Guiné-Bissau. Embora minoritariamente, o português também é falado em Macau, Timor-Leste, Goa, Damão e Málaca. Dos invasores ibéricos — além dos romanos, pais do nosso idioma —, apenas os árabes deixaram marcas importantes. Os outros conquistadores resumiram-se a passageiras nuvens linguísticas. Mas vale a pena saber que a palavra *guerra* é de origem visigótica.

O berço do português foi a região entre a Galícia, o Minho e o Douro, local onde o latim transmutou-se em galaico-português. O primeiro documento conhecido em galaico-português é *Ribeirinha*, cantiga de amor presumivelmente de 1189. Seu autor, Paio Soares de Taveiro, sofria de miolo mole: derramou-se em versos de amor a Maria Paes Ribeiro, favorita de Sancho I, filho de Afonso Henriques. Entre outros delírios apaixonados, o imprudente Paio escreveu "(....) *cá moiro por vós/ e ai, senhora branca e vermelha* (...)". Não se sabe se a favorita branca e vermelha torcia pela Escola de Samba Acadêmicos do Salgueiro e se o rei degolou o poeta, como era moda na época. Mas o documento prova que o idioma estava quase no ponto, que Sancho I andava rateando, que Paio Taveiros devia valer o risco e que dona Maria investia no estilo pá-virada. Trair o soberano equivalia a assinar a sentença de morte.

Talvez exista um outro documento de 1193. Desta vez, comportado. Antes de morrer, a senhora Eluira Sanchez escreveu: "*(...) offereyo o meu corpo áás virtudes de Sam Saluador* (...)" Calma, o texto não permite clara compreensão, mas a futura defunta apenas determinava a sua preferência por sepultamento cristão "(...) *no moenstyero de Vayaram*". Mosteiro, ela quis dizer.

Publicado em 1572, após permissão do Santo Ofício — xeretar obras alheias é mania antiga —, *Os lusíadas*, de

Luís Vaz de Camões, tem dez cantos de versos decassílabos louvando o descobrimento do caminho marítimo para as Índias e as glórias de Portugal. Mas as maiores contribuições de *Os lusíadas* são o enterro do português arcaico e o estabelecimento dos cânones do português literário moderno. Depois de *Os lusíadas*, tudo foi lucro. Até verso de funkeiro. Se alguém prestar atenção direitinho, verá que, apesar dos pesares, *aquilo é* português.

Em cada colônia, a língua portuguesa adquiriu características singulares. Não há como reclamar. Línguas são temperamentais: interagem, evoluem, emperram, engasgam, sofrem de otite. No Brasil, o português passou por transformações léxicas e gramaticais, incorporou termos indígenas e africanos, adquiriu musicalidade própria. Talvez tenha sido sem querer, mas na música popular aconteceu um interessante fenômeno de releitura da cultura portuguesa. Na segunda metade do século XX, a música popular brasileira resgatou as *cantigas de amigo*, manifestação lusa do século XII. Nelas, o homem desloca o sujeito poético e "traveste-se" para cantar o amor feminino. Enraizadas na tradição moura, as *cantigas de amigo* foram ressuscitadas por Chico Buarque de Holanda em várias de suas obras. Entre elas, *Atrás da porta* e *Olhos nos olhos*. Caetano Veloso, em alguns momentos, também aproxima seu repertório das *cantigas de amigo* galaico-portuguesas.

Dono de rica e original produção literária — o lusitano José Saramago recebeu o Prêmio Nobel de Literatura em 1998 —, o português passa, atualmente, por novas transformações. O surto de gerundismo desencadeado pelas malignas empresas de telemarketing — *vou estar lhe transferindo, o senhor deve estar recebendo* etc. e tal — e o uso da internet começam a modificar o idioma. Não sei se o português escopará de tais massacres. Eu, por exemplo, nunca consigo decifrar os e-mails dos meus netos:

Aí, vó, vc é D+. Cheguei aki 5 e poka e naum deu tempo de liga. Um sako, vó, mi extressei. Bussssss.

Sério, isto é *internetês*. Apesar de não entender patavina do que estava escrito, senti carinho no ar. Desconheço o dialeto, mas conheço os meus netos.

Bem, já que pisei em terreno linguístico-tecnológico, aproveito para avisar que os países lusófonos assinaram um acordo de unificação da ortografia nas diversas expressões do idioma português. Pessoalmente, acho que não dará certo. *Never.* Faço a minha parte protestando o quanto posso. De que adianta cabecearmos com tremas e hífens se o Brasil avisa "às crianças que elas vão tomar injeção" e Portugal diz "aos putos que eles levarão uma pica"? Há que se respeitar as diferenças. Acordo ortográfico, não. Mas esta é uma longa conversa. Fica para a próxima.

Por enquanto, basta-nos uma última informação: o *Google* informa que o Lácio é a região italiana onde se localiza a cidade de Roma.

Gente fina é outra coisa

Desde Afonso Henriques, uma equipe de *big brothers* — parafraseando George Orwell, não o indigente *reality show* televisivo — passeava em Portugal xeretando a vida alheia. O passeio, à custa do erário, chamava-se Inquirição. O pessoal se tratava. Viajava de *Business class*, hospedava-se em hotel cinco estrelas, recebia polpuda diária para faustosas refeições e ainda abusava do cartão de crédito corporativo. Só mesmo na Idade Média, hoje nem imaginamos modos tão perdulários.

Os funcionários reais analisavam a situação jurídica das propriedades, os motivos de uns e outros arrogarem privilégios, o comportamento das ordens religiosas, as refeições das criancinhas e se algum político comprava tapioca e/ou produtos de beleza com o dinheiro público. Encontrando tudo em ordem, os burocratas-viajantes escreviam um documento com o nome de Confirmação. As disputadas Confirmações provavam por A + B que os nobres eram nobres, as ordens religiosas rezavam *comme il faut*, as criancinhas comiam diariamente e, sim, alguns ministros haviam pisado na bola. Nada que suas majestades não considerassem "*apenas uma falha administrativa*". Afinal, é de conhecimento público que não constitui falta grave utilizar grana alheia nos *free-shops* da vida. Mania horrível, a do povinho, de implicar com besteiras. Deus me livre.

Claro, estes funcionários contavam com a absoluta confiança da Coroa. Portugal inteiro tinha o rabo preso e, para não quebrar a cara, tentava suborná-los. Os reis se mantinham atentos e, apesar de saberem que a corrupção comia solta, fingiam proibir qualquer jabá. Mas o ser humano não falha, sempre apronta alguma merda. Há documentos de época provando que, volta e meia, os inquiridores caíam de boca na mamata. Nenhuma crítica, onde existem homens, existe crime. Nunca se soube de um mico-leão-dourado traficando entorpecentes. Realmente, é uma injustiça que a espécie, perfeição da natureza, esteja em extinção. O destino é mesmo assim, os honestos sempre sofrem.

Um dia, no início do século XIV, os inquiridores esbarraram em um espetáculo degradante: nobres trabalhando de sol a sol, igual à plebe ignara. Impossível descrever o espanto dos *big brothers*. Nunca, antes, haviam se deparado com cena tão deplorável. O estupor foi tamanho que a equipe decidiu retornar urgentemente à corte. O rei precisava saber da tragédia.

Assim pensaram e agiram. Largaram os nobres às voltas com serviços de ferreiro e desabalaram em direção ao palácio. Dizem, não há provas documentais, que os inquiridores demonstravam tanta preocupação que desistiram de viajar pela *Navigator Class*, da TAP. Com a *Navigator* lotada, eles se conformaram em se apertar na classe-galinheiro, mas chegar rapidamente. A situação exigia presteza e responsabilidade.

Sua majestade, dom Dinis I, quase desmaiou escutando a novidade. Diante da gravidade da situação, convocou urgentemente uma Corte para resolver o castigo aos nobres desmiolados, capazes de se humilhar *trabalhando* — credo, que baixaria.

O rei e sua real nobreza não discutiram muito. Em dois tempos decidiram que brasonados lavourando as próprias terras, engordando o próprio gado, conservariam os títulos. Mas nobres na simples labuta? Suando em função de pobre? Nem morta, santa. Estes perderiam os títulos. Afinal, não os mereciam. Para não restar dúvidas quanto à resolução, dom Dinis pegou da pena, sapecando o jamegão: "(...) *não hajam honra de filhos de algo enquanto não fizerem vida de filhos de algo*".

Filhos de algo não é, absolutamente, o que você está pensando. Filho de algo é antônimo de filho do vulgo. Vulgo, como sabemos, é a "gentinha", espécie de sub-raça que até hoje incomoda o esplendor do povo bom.

Portanto, o que dom Dinis falou é que nobre em lida de gentalha viveria qual gentalha, sem conspurcar o ócio da verdadeira nobreza. Elegante, meu bem, era passar o dia de papo para o ar, cuspindo para o lado e coçando o saco. Suar, somente o povão. Como, aliás, até hoje.

Com a decisão real em mãos, voltaram os inquiridores ao local do triste crime. Os intitulados pobres, defensores de trocados martelando ferraduras, receberam o aviso formal da cassação de seus títulos. De quebra, o rei lhes tomava as terras. Um escândalo.

Seguiram-se outros casos, dom Dinis não os perdoou. Até a nobreza aprender que trabalho é coisa fútil e jamais honrou ninguém. Bonito é não fazer nada. A nascente burguesia, assanhada em repetir a moda do sangue azul, mourejava até o ponto de parar de trabalhar e virar gente importante.

Instalou-se, em nossas mentes, a ideologia da preguiça, única atividade capaz de emprestar *status*. Incrível, ainda há quem acredite ser "fino" não trabalhar, desde que conservadas as tradições de requinte. Quem duvida, xerete as páginas do colunismo social brasileiro. Um contemporâneo nosso, recentemente falecido, preferiu jogar fora a fortuna da família a cansar sua beleza em rotina de escritório. A glória, aplaudem alguns.

A história da nobreza viciada na indolência é comprida e complicada. Enreda-se nas transformações econômicas pelas quais passou o mundo. Resumidamente — muito resumidamente —, começou no feudalismo, quando os servos se esfalfavam para a nobreza lucrar. As guerras justificavam a existência dos senhores. Eles eram os comandantes, cada servo escondia um treinado combatente. Quando o rei necessitava, o senhor e seus vassalos prestavam-lhe obediência. Compareciam às batalhas, lutavam, matavam, morriam. A nobreza desempenhava um importante papel: apoiava, política e militarmente, o soberano.

Findam-se os tempos guerreiros — findam-se, em termos, o homem jamais parou de guerrear, apenas mudou o estilo. Enfim, para nos determos apenas em Portugal, encerrada a época de expulsão dos mouros e das brigas diuturnas com Castela, os nobres começaram a perder prestígio. O incremento das atividades comerciais empurrou-os para o canto dos inúteis.

No final do século XIII, início do XIV, os mercadores entenderam que vincular a agricultura ao comércio gerava mais riquezas por possibilitar o aumento das exportações — exportar é o que importa, alguém já ouviu este papo? Para suprir o mercado europeu de vinho e azeite, os mais cobiçados produtos portugueses, a agricultura abandonou seu milenar papel de supridora local de alimentos. Começou o arranca-rabo entre a nobreza e os servos.

Enquanto os fidalgos discutiam se valia ou não a pena embarcar nos novos tempos, os endinheirados burgueses urbanos enxergaram no campo outro espaço de riqueza. Mudaram para lá, compraram propriedades e as araram na marra. Os nobres, que continuavam produzindo no estilo antigo — isto, quando produziam, vide as Inquirições —, tornaram-se mais desprestigiados e mais pobres.

Muita novidade junta. Para escoar os produtos, surgiram rotas marítimas e terrestres, além de atravessadores, negociantes entre o campo e a cidade. A burguesia rural e urbana se fortaleceu, o mercantilismo se impôs. Os brasonados não entenderam e empobreceram mais. Acordaram muito tarde e, ao sair do berço esplêndido, descobriram-se acabados. Passaram a servir, apenas, para enfeitar o poder central. Quanto mais nobres uma corte sustentava, mais o rei exibia a sua exuberância.

Finalmente, os bem-nascidos reagiram. Tentaram, de várias maneiras, manter a antiga importância. Aumentaram as taxas dos agricultores, proibiram heranças retalhando os feudos — aí, surgiu a figura do morgado, o filho mais velho e herdeiro de tudo; a nobreza se estrepava, mas o poético idioma esmerava em embelezar-se.

Voltando ao assunto. Assustada, parte dos nobres vendeu terras ou cedeu as propriedades para os servos explorarem em troca da *enfiteuse*, nome chique da pensão nem sempre reconfortante. Já que o *status quo* mudara, a elite entediada decidiu viver à custa dos camponeses. Claro, acabou em briga.

Há milhões de outros entretantos, sequer foram citados. Competem, exclusivamente, aos livros de economia. A nós interessa que a vaca foi para o brejo. De repente, já não restava dinheiro na mão da fidalguia lusa. Alguns deles, tentando reverter a tragédia, decidiram trabalhar. Ou explorando suas terras — não desagradaram a Coroa — ou em atividades "menores": ferreiros, sapateiros, cavalariços, alfaiates. Foram estes os atingidos. Dos nobres pragmáticos é que o rei retirou os títulos e, de quebra, os privilégios. Imagina se barões podiam se rebaixar a atitudes vulgares.

Esta triste mentalidade sobrevive entre nós. Atenuada, é verdade, o enredo foi pior. Durante séculos, a elite brasileira primou pelo conforto de se espreguiçar na rede. Tantos a sustentavam que ela se orgulhava de não manusear dinheiro. Hoje as coisas mudaram, mas resquícios permanecem. Bom exemplo é a classe dita média, toda ela se esfalfando para entregar aos herdeiros o diploma de doutor, tornando-os "filhos de algo". Em nossas cabeças, o trabalho manual pertence aos "filhos de vulgo". Traduzindo: os malnascidos.

Se o pimpolho de um engenheiro quiser ser mestre de obras, provocará um sinistro. Papai terá um ataque, apontando ao menino sua vocação de "pobre". A mamãe lamentará, discursando ao desvairado o exemplo da família, toda ela graduada em curso superior. A vovó recorrerá ao rápido Santo Expedito, milagreiro do impossível. O resto da família fofocará o fracasso dos pais do mestre de obras, incapazes de educá-lo no viver de *gente-bem*.

Se não podemos ser riquíssimos, nobres da modernidade, ao menos nos situemos sobre as classes populares, exercendo atividades incapazes de manchar o berço do nascimento sadio. É bem melhor passar fome com diploma na parede do que mourejar ao sol, ao *proletário's way*.

A Inquirição, que nos ensinou o demérito do trabalho, também inculcou-nos o vício de olharmos de esguelha as atividades manuais, carentes do bom diploma: simples serviços rasteiros desonram o trabalhador. Se é preciso trabalhar, o digno é ser doutor. Ao menos, garante servos saracoteando em volta.

Aqui para nós, chique mesmo é dormir até meio-dia, passear no castelo de *Caras* e arranjar alguém que nos sustente.

Nem que seja a Mega-Sena.

Navegar foi preciso

Inacreditável, mas a maior influência que as navegações portuguesas exerceram sobre o Brasil foi... o descobrimento do Brasil. Fato que nos legou a tendência de, às vezes, exercitarmos a lógica lusa. Como, por exemplo, agora.

Sobre o capítulo navegações há que se falar bonito. Poucos momentos da história humana revelam tanto heroísmo. Epopeia, não há substantivo melhor para descrever as aventuras do audacioso português que nos pariu. Navegar, naquele tempo, era mais perigoso do que, hoje, ir ao espaço. Imaginem, nem computador havia a bordo. Os mareantes guiavam-se por instrumentos primários, adivinhavam as estrelas, calculando mais ou menos a posição das embarcações.

Hoje, se pegarmos um avião da Espanha para a Índia e aterrissarmos no Caribe, só há duas possibilidades: ou o piloto bebeu, ou sequestraram o avião. Claro, você também pode estar no voo errado. Chance remotíssima, os embarques são controlados eletronicamente.

Mas foi exatamente isso que, conta a História oficial, aconteceu a Cristóvão Colombo. O genovês colocou os pezinhos no Novo Mundo acreditando-se em Calecute. Pequeno erro de cálculo, que batizou os aborígines das Américas com o nome de índios ou habitantes das Índias. A Funai agradece. Sem este tropeço geográfico, ela se chamaria Funaa, Fundação Nacional dos Americanos. Já imaginaram a tragédia se, oficialmente, os norte-americanos pudessem palpitar nas nossas reservas indígenas, sempre delineadas para alcançar as fronteiras? Deus nos livre. Portanto, de pé, todos juntos, agradeçamos a Deus a desorientação de Cristóvão Colombo. Amém.

Cabral, felizmente, não passou pelo vexame de Colombo. Já embarcou sabendo para onde vinha. Passou em casa, arrumou as malas e avisou à família estar de saída para descobrir o Brasil. Se Cabral adivinhasse onde ia se meter, talvez pensasse duas vezes. Mas, agora, não há jeito. O Brasil foi descoberto — *opppssss*, "achado" —, e falamos português. Ásia, África, América do Sul. Em cada canto do mundo existem iguais a nós. Há um passado comum, uma história, um idioma. Somos lusófonos. De minha parte, com muito orgulho.

Aliás, os portugueses andaram no mundo inteiro. Um país pequeno, na ponta da Europa, habitado por meia dúzia de gatos-pingados, realizou a proeza de ser o dono do planeta. É de se tirar o chapéu.

Navegar parecia predestinação geográfica. Para onde olhasse, o português via o mar. Acabou conquistando-o. O espírito aventureiro, que empurrou os portugueses para os oceanos, fez-nos — e a muita gente — como somos. Língua, cultura, religião, costumes, vícios e manhas. Heranças de um povo forte, incapaz de se intimidar ante o desconhecido.

Historiadores apelam a outras teses para explicar o mergulho português: necessidade de alimentos e ouro, experiência em navegação, procura de novos mercados, ambição, catequese e, talvez, a bela chance de abandonar a família. Outro motivo importante foi o desenvolvimento econômico europeu durante o século XIV. Além da obviedade de tentar introduzir no mercado mercadorias exóticas, Portugal começava a sentir necessidade de se aboletar em mais terras. A produção lusitana já não alimentava a população crescente.

Parece mentira, mas clero, nobreza e povo concordaram sobre a urgência de a Coroa expandir-se. Sem romantismos: *acharam* o Brasil porque os padres desejavam atazanar novas almas, o povo queria emigrar, o rei sonhava em ganhar dinheiro, a burguesia exigia mais lucros, nobres precisavam valorizar-se e a indústria naval ia muito bem, obrigada.

Não importam as razões, importa a vitória de Portugal. Não se escreve a verdadeira história do mundo sem referência aos lusitanos. Provavelmente, antes de Afonso Henriques, eles já mareavam. Palavra poética que, simultaneamente, define navegação, precisão e aventura: os portugueses no mar.

O primeiro registro da palavra caravela — barco mais veloz e de maior tonelagem — encontra-se em documento de 1225, firmado em Vila Nova de Gaia. Em 1226, a Espanha concedeu a 100 navegantes portugueses um salvo-conduto que os protegia de piratas. Uma viagem às ilhas Canárias, patrocinada pelo rei português, foi realizada em torno de 1336. Pagando cinco mil libras anuais à Coroa, um mercador obteve, em 1340, o direito de pescar baleias a partir da foz do rio Minho. Documentos registram a grande movimentação dos portos durante o século XIV. A vocação marítima lusitana é mais antiga do que se imagina.

Para facilitar o estudo das grandes navegações portuguesas, estabeleceu-se a conquista de Ceuta, em 1415, como pontapé inicial. A visão histórica permite afirmar que nada aconteceu por acaso. Portugal deu cada passo já pensando no seguinte. A conquista de Ceuta abriu as portas dos arquipélagos de Madeira e Açores. A exploração do litoral africano conduziu à Ásia. A "Volta do Mar" — eta, língua bonita —, nome da vitória sobre a corrente do Golfo, custou quase um século de expedições. Mas trouxe os portugueses ao Brasil. Então, eu escrevi este livro. A História faz-se assim, com causas e consequências.

Raciocinando no estilo uma-coisa-puxa-a-outra, colocamos na ribalta o infante dom Henrique (1394-1460), o grande nome do expansionismo português. Ascético, severo, inteligente e ambicioso, dom Henrique, filho de dom João I e de dona Filipa de Lencastre, entrou para a História como O Navegador. Mas era um desastre comandando um navio. Não chega a desmoralizá-lo, muita gente navegava por ele. O infante cumpria o mais difícil: sabia mandar e pensava além de seu tempo. Procurou, via marítima, contatar o reino Preste João, atual Etiópia. Buscou ouro. Observou e anotou o que pudesse ajudar os futuros navegantes. Capturou negros. Escravizados, eles se tornaram importante fonte de renda. Farejou que o oceano não passava de um caminho. Além do horizonte, existiam terras.

A Escola de Sagres, fundada pelo infante, não seguia o modelo das escolas tradicionais. Não aplicava provas, não fornecia merenda nem enfrentava greve de professores. Sagres foi, digamos, uma escola filosófica. Seu nome é sinônimo da ideologia de desbravamento, transmitida pelo infante àqueles que o cercavam. Centenas de homens. Dom

Henrique construiu estaleiros e arsenais, convocando para auxiliá-lo os melhores cartógrafos, astrônomos e navegadores. A maioria judeus e islâmicos, ambos incomparáveis nas artes indispensáveis ao marear. Liderada por dom Henrique, a papa-fina da época começou a desenvolver trabalhos náuticos e a conceber a política das navegações. Depois de desistir de conquistar as ilhas Canárias, navegadores de Sagres chegaram à Madeira, aos Açores, e Gil Eanes dobrou o cabo Bojador. Na época se acreditava que este cabo marcava a entrada do Mar Tenebroso, ou oceano Atlântico. Na verdade, não passa de um pequeno pedaço de terra, cercado de recifes. Mas as lendas transformaram-no em osso duro de roer, ninguém ousava enfrentá-lo.

A história da conquista do Bojador reflete a liderança de dom Henrique. Para ultrapassá-lo, ele enviou, durante quase dez anos, 15 expedições. A penúltima comandada pelo próprio Gil Eanes, que, meses depois, voltou de rabo entre as pernas.

Ao recebê-lo, fracassado, dom Henrique não se comoveu. Passou-lhe uma boa e o despachou de volta, determinando que só retornasse a Portugal depois de cumprir a missão. Sua ordem foi "*avançar, avançar sempre, a proa rumo aos mistérios*". Linda ordem de ousadia proclamada em lindo verso. Serve para qualquer pessoa, em qualquer situação. O importante é ir em frente, sem desistir nunca.

Se correr o bicho pega; se ficar, o bicho come. Gil Eanes permaneceu em terra o tempo exato para reequipar a esquadra. Voltou ao oceano sabendo que, se não quisesse ser proscrito pelo infante, precisaria superar o Bojador. Pela falta de opção, ultrapassou-o.

O infante, administrador da Ordem de Cristo, sucursal portuguesa da Ordem Templária, exultou com a novidade e sagrou Gil Eanes cavaleiro. Da Ordem, naturalmente. Pobre Gil Eanes, só podia ser carma. Logo após a festa de sagração, o infante enviou-o de volta ao Bojador. Mas isto já não importa. A inteligência teimosa de um e a coragem cega do outro abriram novos horizontes para as navegações portuguesas.

Em 1487, durante o reinado de dom João II (1455-1495) e após 53 anos de tentativas, Bartolomeu Dias dobrou o cabo da Boa Esperança. Terminava o reconhecimento da costa ocidental da África. É bom explicar que a ideia de alcançar as Índias contornando a África partiu de dom João II, o Injustiçado. Quase ninguém o recorda quando se fala nas grandes navegações. Mas ele exerceu papel importantíssimo na epopeia marítima portuguesa.

Na verdade, faltou a dom João II uma boa assessoria de marketing — financeira, também; o gajo endividou o país até a alma. Mas, para a política expansionista, ele se mostrou tão importante quanto o infante dom Henrique. Dom João II dirigiu pessoalmente a política das navegações, manobrou diplomaticamente com rara habilidade, assinou o tratado de Tordesilhas dividindo o mundo "desconhecido", negociou secretamente com Cristóvão Colombo, patrocinou a viagem de Diogo Cão em direção ao oceano Índico, inventou os *padrões* que demarcavam os novos territórios portugueses com a maior bossa, garantiu reserva lusitana sobre os mares orientais e começou a organizar a expedição de Vasco da Gama, que, contornando a África, finalmente chegou às Índias. Pena dom João II não ter recebido as devidas glórias. Morreu durante os preparativos da viagem, entregando o trono ao primo e cunhado, o espertíssimo dom Manuel. Palmas, ele merece. Tantas fez e aprontou que, sozinho, merece um livro.

Eis que dom Manuel é coroado. Homem de sorte, recolheu os dourados frutos do trabalho de dom João II. Couberam ao Venturoso os louros pelo descobrimento do caminho marítimo para as Índias e pelo "achamento" do Brasil. Até recentemente, historiadores ainda discutiam se o Brasil foi descoberto acidentalmente ou se Cabral já saiu de Lisboa com a missão de, oficialmente, tomar posse do novo território.

Antes do reconhecimento da autenticidade do Mapa de Waldseemuller (2003), o português José Hermano Saraiva, no livro *História de Portugal*, apresentava as duas possibilidades, sem se inclinar por nenhuma. Esta escriba, já na primeira versão de *O português que nos pariu*, apostou na intencionalidade, pois no plano de viagem de Pedro Álvares Cabral não constava uma escala nas ilhas de Cabo Verde para reabastecimento de água potável. Se, realmente, Cabral estivesse a caminho das Índias, a tripulação morreria de sede na metade do caminho. Ou seja, Cabral sabia que faria um pit-stop no Brasil.

O Waldseemuller — por unilateral decisão norte-americana, doravante denominada *A certidão de nascimento da América* — encerrou o papo. Se, em 1507, um monge escondido na pequena cidade de Freiburg, na Baviera, conhecia detalhes da terra que seria nossa, dá para acreditar que, em 1500, a coroa lusa ainda ignorava a existência do continente mapeado apenas sete anos depois? Me engana, que eu gosto.

Pedro Álvares — breve vocês saberão o motivo pelo qual não uso o sobrenome Cabral —, era um discreto fidalgo sem experiência náutica. Mas os muitos sucessos marítimos espicaçaram a nobreza lusa, interessada em buscar seu quinhão de glória. Além de "status", as viagens ofereciam lucros mirabolantes. *A síndrome da glória náutica* atacou Pedro Álvares, que conseguiu de dom Manuel a indicação para comandar a grande esquadra que "acharia" o Brasil. O que lhe faltava de conhecimentos mareantes, Vasco da Gama supriu, emprenhando-lhe os ouvidos com centenas de conselhos. Capitães bem treinados se encarregaram do resto.

Aparentado com Gonçalo Velho, descobridor do arquipélago de Açores, e com Luiz Álvares Cabral, fidalgo de dom João I e combatente em Ceuta, Pedro Álvares nasceu em Belmonte, em 1467 ou 1468. Era Cavaleiro da Ordem de Cristo, o próprio dom Manuel sagrou-o. Nasceu rico, sem exageros. Tornou-se mais rico casando-se com dona Isabel, descendente de reis espanhóis por ambos os lados. Combateu no Marrocos aos 18 anos e, por este motivo, em 1497 dom Manuel enviou-lhe uma carta, concedendo-lhe, além de honras, uma pensão: "*(....) e visto que por nós seu requerimento ser justo, havendo respeito a seus serviços e merecimentos, querendo fazer-lhe graça e mercê* (...)". Mais informações no próximo capítulo.

No dia 9 de março de 1500, Pedro Álvares zarpou do Tejo, comandando 1.200 homens e uma esquadra de 13 embarcações. A decolagem seria na véspera, mas condições meteorológicas adversas impediram a partida da esquadra. Naquele tempo, como sabemos, não se voava por instrumentos.

O destino oficial era Calecute, Índia. Mas Cabral levou no bolso duas cartas. Uma, de 1499, em que *El Rey* determinava a Duarte Pacheco "(...) *descobrir ha parte oucidental, passando alem ha grandeza do mar oceano* (...)". Outra, do próprio Duarte Pacheco, garantindo a dom Manuel a existência de "(...) *hua tam grande terra firme, com muitas e grandes ilhas adjacentes a ella* (...)". No mesmo dia em que Pero Vaz de

Caminha (ver *A flor do Lácio*) redigiu a sua famosa carta, o astrônomo da frota cabralina, mestre João, escreveu a dom Manuel: "(...) *quanto, Señor, al sytyo desta tierra, mande Vossa Alteza traer un mapamundi que tyene Pero Vaaz Bisagudo, e por ay podrra ver Vossa Alteza el sytyo desta tierra (...)*" Um segredo de polichinelo. Até a bordo da esquadra sabiam da existência de mapas que revelavam o Brasil. Aliás, quem quiser tirar esta história a limpo deve visitar a exposição permanente do Waldseemuller, na Biblioteca do Congresso, Washington, Estados Unidos. Lá é possível constatar, com os próprios olhos, que, no trabalho do monge alemão, o Brasil e os seus contornos fulguram lindos e fortes.

Nascemos embromando. Ao despachar Pedro Álvares para Calecute, Portugal pretendia, simplesmente, despistar a Espanha e sacralizar a posse das terras que Duarte Pacheco visitara, provavelmente em 1497. Claro, há a versão oficial para, *sem querer*, a esquadra ter saído da rota: pane nos instrumentos de bordo, calmarias, tempestades, tosse, gripes, resfriados. De repente... oh, eis que surgem, ao horizonte, as palmeiras onde cantam os sabiás. *As* sabiás, Gonçalves Dias ignorava que sabiá macho não canta.

Debatemo-nos entre as versões oficial e oficiosa. Nosso caráter é complexo, repleto de incertezas — estreamos assim. O certo é que, durante dez dias, Pedro Álvares vistoriou a terra e seus habitantes. A falta de interesse em procurar especiarias e ouro revelam que ele sabia direitinho que aportara num mundo conhecido pela metrópole. Fez pose de descobridor por exigência do papel desempenhado. *Noblesse oblige.*

Durante trinta anos, tranquilo — oficialmente, colocara a Terra de Santa Cruz no bolso —, Portugal ignorou o "achamento". Além do arrendamento da terra a cristãos-novos e algumas arruaças entre corsários franceses e ingleses, Lisboa esqueceu o novo quintal. A fundação da Capitania de São Vicente, em 1530, marca o início da política oficial de ocupação. Em 1534 surgiram as capitanias hereditárias que, aliás, sobrevivem até hoje nas inenarráveis delícias dos cartórios hereditários, o meu sonho de consumo...

Séculos de navegação, onde existiam terras, o português chegou.

Alguma outra língua poderia inventar a palavra saudade?

O enigma Cabral

Um dos grandes mistérios envolvendo as navegações é o motivo que levou dom Manuel a entregar o comando da até então maior esquadra portuguesa a Pedro Álvares, pequeno fidalgo sem *nenhuma* tradição marítima. Apesar da antiga linhagem, os Cabral não pertenciam à alta nobreza. Entre os cavaleiros de Afonso Henriques há referência a um Cabral, provavelmente ancestral do nosso herói. O bisavô de Pedro Álvares, Luís Álvares Cabral, participou da conquista de Ceuta, e a sua bravura rendeu-lhe a senhoria de terras em Belmonte e arredores, onde a família vivia.

Cabral descobriu o Brasil com outro nome. Aliás, o nome verdadeiro: Gouveia, herança materna. A carta de dom Manuel, indicando-o para o cobiçado posto de comandante da armada, é clara: "*(...) fazendo vós saber (...) que aqui enviamos na frota armada que vai para a Índia, que nós, pela muita confiança que temos em Pedrálvares de Gouveia, fidalgo da nossa casa (...)*"

Por não ser o filho mais velho — morgado, diz-se —, Pedro Álvares de Gouveia não herdou o direito ao sobrenome e bens paternos. A alcunha Cabral ele só passou a usar após voltar da viagem, pois o rei, em correspondência oficial, tratou-o duas vezes por Pedro Álvares Cabral. Se por deferência, se por distração, não sabemos. Mas, aos 34 anos e por conta própria, Pedrálvares, como o chamavam, embarcou na canoa, sumiu com o Gouveia e começou a assinar o Cabral, que, legitimamente, pertencia apenas a João Fernandes Cabral, seu irmão mais velho.

Não é verdade, como afirma uma lenda do século XIX, que Pedro Álvares, com a morte de João Fernandes em torno de 1509, tenha se tornado senhor de Azurara e Belmonte, seu local de nascimento. Jorge, o morgado de João e sobrinho do nosso descobridor, sucedeu o pai no uso do nome e na administração dos "bens da coroa". Tio Pedro, em Santarém, cuidava do ostracismo e das novas rendas e terras que lhe chegaram às mãos como prêmio pelo "achamento" e pelo casamento com dona Isabel de Noronha e Castro, da alta fidalguia lusa e descendente de reis espanhóis.

Para tornar a escolha de Pedrálvares ainda mais intrigante, o novo comandante em chefe sofria de malária, contraída no Marrocos, onde combateu aos 18 anos. A cada crise da febre, Pedro Álvares perdia o controle de si e do entorno. Há registros de que dona Isabel, tão logo passou a fase matrimonial do vem-cá-meu-bem, advertia o marido para, durante os ataques, não "gritar impropérios e "ser mais composto". Resumindo: como este homem, com tantas falhas e lacunas, liderou os 13 navios que largaram o Tejo para oficializar a existência do Brasil e, depois, navegar até a Índia?

É verdade que dom Manuel passou-lhe a bola, mas se protegeu. Cercou o novo capitão-mor com a nata dos navegantes lusos. Cada caravela levava em seu comando um dos grandes nomes da época: Bartolomeu Dias, Gaspar de Lemos, Diogo Dias, Nicolau Coelho, Simão da Pina, Vasco de Ataíde, Luís Pires, Aires Gomes da Silva, Simão de Miranda, Pedro de Ataíde, Nuno Leitão da Cunha e Sancho de Tovar, o imediato ou sota-capitão. Aparentemente, na viagem, Pedro Álvares não passaria de uma rainha da Inglaterra. Muita pose, poder nenhum.

Mas esqueceram de avisar a *seu* Pedro Álvares que, zeloso de sua autoridade e fidalguia, andou pisando na bola. O rei nunca o perdoou. O homem que inaugurou a ideia do mundo globalizado — uma só viagem, quatro continentes — não foi mais requisitado pela Coroa e morreu só, em Santarém, aos 50 ou 52 anos. Historiadores ainda discutem o ano certo de seu nascimento e de sua morte. Discussão bizantina. Eu adotaria 51 anos e encerrava a querela. Sua vingança pelo longo tempo de ingratidão e tristeza veio através do filho Fernando Cabral. Navegador respeitado, Fernando transportou Luís de Camões para as Índias, onde o poeta escreveu a maior parte de *Os lusíadas*. De um jeito ou de outro, os fidalgos de Belmonte marcariam a história da lusofonia.

A possível resposta para a dúvida de terem entregue o comando a Pedro Álvares, que só conhecia o mar de *ouvir falar*, é a politicagem do império português, que, como todo império que se preza, cultivava as suas idiossincrasias. Vasco da Gama, o descobridor do caminho marítimo para as Índias, liderava a lista dos mais amados do reino. A ele, dom Manuel pretendia entregar a poderosa esquadra. Mas Vasco da Gama recusou, alegando cansaço com a recente ida à Ásia. Além do mais — o amor é lindo —, queria casar e precisava de um tempo para assumir a senhoria de sua terra, Sines, no Alentejo. Mas se comprometeu a instruir o novo comandante. Não desonrou a promessa, instruiu detalhadamente. Não escondeu de Pedro Álvares sequer a posição exata de suas naus quando, em 1497, costeara terras muitos e muitos dias distante da África. Terras que o reino estava cansado de saber que existiam e das quais pretendia, com a viagem de Pedro Álvares, oficializar a posse. O que Vasco da Gama não imaginava é que o seu substituto ligaria o seu nome não a apenas algumas "terras", mas a um continente. E, talvez por ciúme, foi o primeiro a lhe apontar as falhas. O primeiro a anunciar, alto e bom som, a sua frase preferida: "quem não tem sorte no mar, a ele não deve voltar". Pedro Álvares não podia se definir como um navegador de sorte. Das 13 caravelas que iniciaram a viagem, apenas três retornaram.

Talvez fosse mesmo azarado. Talvez pecasse pela inexperiência ou incompetência. Talvez, em seu retorno a Lisboa, lhe faltasse habilidade para contornar o desagrado de navegadores importantes, invejosos de sua descoberta. Talvez não passasse de um inocente útil, que os poderosos *fritaram*, poupando os capitães ilustres de uma viagem que, sinceramente, nascera para dar errado. A rota Lisboa-Novo-Mundo-Índias — milhares de milhas, milhares de homens espremidos em caravelas — era um *azarão*. Se alguém quebraria a cara, melhor um desconhecido. O tiro saiu pela culatra. Apesar dos tropeços, Pedro Álvares completou a missão. Perdeu as dez caravelas mas, ainda assim, o périplo rendeu algum lucro à Coroa. Só que, sob seu comando, morreram os melhores mareantes do reino. Claro, rolou fofoca. Iniciada, quem diria, por Vasco da Gama.

Portugal adotava a política "em boca fechada não entra mosca". Fazia-se tudo por debaixo dos panos para evitar que Castela, a arqui-inimiga, soubesse ou que corsários ingleses ou franceses se antecipassem. Tanto segredo impediu o registro de dados importantes. Não se sabe nem se o início dos sustos de Pedro Álvares — o súbito desaparecimento, em noite de mar calmo e tempo ameno, da caravela comandada por Vasco de Ataíde — foi um naufrágio, um silencioso retorno a Lisboa antecipadamente combinado ou um desvio de rota. Sabe-se apenas, o diário de bordo registra, que, ao raiar o dia, Pedro Álvares, desnorteado com a situação inusitada de uma nau sumir sem deixar rastros ou pedir socorro, reuniu os seus capitães e ordenou que vasculhassem o oceano "enquanto durasse o sol". Até a morte, Pedro Álvares culpou-se por não prolongar as buscas. Até a morte, acreditou que os calejados homens do mar, de muitas navegações, entreolharam-se quando ele encerrou a procura a Vasco de Ataíde. O capitão-mor aprendera a marear na melhor escola de Lisboa. O lendário Abraão Zacuto ensinara-lhe cosmografia. Mas carecia da experiência, que sobrava nos outros. Nas lides marítimas, nas súbitas mudanças de tempo, nas infindáveis calmarias, sua inexperiência marcou a diferença.

Preparo acadêmico não lhe faltou. Pedro Álvares devia estar em torno dos 15 anos quando o pai o enviou a Lisboa, com o irmão João, para ambos iniciarem os estudos de leis, gramática, ciências, aritmética, geometria, latim e linguagem. À sofisticação intelectual somava-se a arte de cavalgar, combater e marear. Os irmãos, habituados à vida no campo e de elevada altura para os padrões portugueses — ambos mediam cerca de 1,90m —, destacaram-se nas artes marciais. Pedro Álvares apaixonou-se pelo Tejo, pelo oceano, pelas habilidades de navegação. É desta época a sua aproximação com o duque de Beja, o futuro dom Manuel I, quase de sua idade. O duque, primo e cunhado de dom João II, não imaginava que, um dia, reinaria sobre Portugal.

Após um breve período combatendo na África, e logo após a morte de dom João II, Pedro Álvares se manteve na corte, a maior parte do tempo próximo a dom Manuel. Os anos passaram. Não pareceu difícil ao rei imaginar que aquele fidalgo leal e discreto seria o nome acertado para substituir Vasco da Gama na expedição que "acharia" a nova terra e aumentaria o poder português no mar Arábico e nas Índias. Ninguém sabe o que dom Manuel pensou, mas não deve ter sido longe de imaginar que um descendente da Casa Cabral, que se destacava pela lealdade aos soberanos, não lhe criaria grandes problemas. Bastava colocar para assessorá-lo os mais experientes homens da marinha lusa.

Tolo, Pedro Álvares não era. Não dispensou a experiência de seus comandados e, quase diariamente, liderava uma reunião na nau-capitânia, onde ouvia mais do que falava e, geralmente, acatava sugestões. Excelente política. Até chegarem à nova terra— 42 dias entre o céu e o mar, um Amir Klynk de vanguarda —, além das calmarias de praxe, do sumiço de Vasco de Ataíde e da ansiedade da tripulação, assustada com a demora da viagem, quase nada foi exigido de Pedro Álvares. A confusão começou na partida da Terra de Vera Cruz, quando ele enviou a nau de Gaspar de Lemos de volta a Lisboa, com a missão de levar a carta de Caminha e as anotações de Mestre João, o astrônomo da esquadra. Encarregado de mapear o céu austral, Mestre João realizara a extraordinária descoberta de uma constelação, batizada de *Cruz do Sul*. Uma de suas estrelas apontava sempre para o polo Antártico. Além da descrição do cruzeiro, Mestre João enviou a dom Manuel um desenho, onde não falta sequer a nossa conhecida *Intro-*

metida. Não é muito divulgado, mas é bonito. No "achamento" do Brasil, foi descoberto o Cruzeiro do Sul, um dos mais importantes signos das nossas Armas Nacionais.

Gaspar de Lemos também recebeu ordem de navegar o maior tempo possível junto à costa para dimensionar o tamanho da nova "ilha" e de, em nenhuma hipótese, levar para a metrópole animais ou nativos. Segundo Caminha, "uma gente bestial, de pouco saber e muita esquiva". Mas gentilíssimos, acrescento. O *Língua* da frota, ou intérprete, Gaspar da Gama, cristão-novo afamado por falar ou "arranhar" todos os idiomas conhecidos, não demorou a jogar a toalha. Ele e os locais não conseguiram se entender. Nem por isso os últimos deixaram de receber os europeus fedidos e piolhentos com cantos, danças e sorrisos. Coitados dos *bestiais*, não sabiam o que os esperava...

Claro, Gaspar de Lemos desobedeceu às instruções e surgiu na corte com dois "papagaios vermelhos" — araras, naturalmente —, e um índio infeliz, que acabou enfatiotado em trajes europeus. Também falou o indevido. Despertou ciúmes em Pedro Álvares e em Vasco da Gama. No primeiro, pois caberia a ele relatar que o seu mensageiro navegara até uma latitude próxima à linha equinocial, sempre avistando terras, matas e rios. Seu "achamento", já rebatizado por dom Manuel como Terra de Santa Cruz, revelara dimensões continentais. No segundo, porque o burburinho excitado da Corte com a novidade levou-o a compreender a oportunidade perdida.

De tudo isso, Pedro Álvares só soube quando, em 1501, retornou de sua trágica viagem às Índias. Ao fundear as caravelas restantes na costa ocidental africana para abastecê-las de água e mantimentos, encontrou Gonçalo Coelho, comandando uma nova expedição à Terra de Santa Cruz. Então, começou a sua desdita. Aborreceu-se com a notícia da indisciplina de Gaspar de Lemos e atritou-se com Américo Vespúcio, da tripulação de Coelho, que insistia em afirmar ter sido a Espanha quem descobrira as novas terras. Preocupado, Pedro Álvares percebeu que, na Corte, precisaria de muito jogo de cintura para administrar a inveja de uns tantos poderosos, inconsoláveis por não serem os responsáveis pela extraordinária descoberta.

Após cumprir no Brasil o que já sabemos — Primeira Missa, cruz plantada no alto do morro com o brasão português e as armas de dom Manuel, tentativas de comunicação com os nativos, troca de presentes etc. e tal —, Pedro Álvares levantou âncoras rumo às Índias no dia 2 de maio, deixando para trás dois degredados e dois grumetes que, encantados com o sol, a fartura de comida, a facilidade de água e a beleza das nativas, fugiram sem deixar rastros — pontapé inicial da imigração rumo aos trópicos; queiram ou não, meu país é o paraíso. Grandes grumetes...

A rotina de bordo logo se restabeleceu, enquanto a esquadra navegava rumo ao cabo da Boa Esperança. O nome cabo das Tormentas, invenção de Bartolomeu Dias, que sofrera com fortíssimas tempestades quando o ultrapassou pela primeira vez, em 1487, não foi aceito por dom João II, que, ao receber a auspiciosa notícia — e desconhecendo o sofrimento de seus marinheiros —, rebatizou-o de Boa Esperança, pois Portugal acabara de provar a ligação entre dois oceanos, apontando para o sonhado caminho marítimo para as Índias.

A proximidade do cabo assustava a tripulação. A presença, na esquadra, de Bartolomeu Dias ajudava a tranquilizá-la. Se o grande navegador conseguira vencê-lo uma vez, conseguiria novamente. Diversas reuniões ocorreram na nau-capitânia, um cometa bailou no céu, aumentando o medo da marujada. Próximas, as 11 caravelas mantinham o rumo. O vento soprava firme, o mar permanecia calmo. Em 23 de maio, sabendo-se próximo ao cabo, Pedro Álvares dormiu preocupado, mas feliz. Com a ajuda de sua protetora, Nossa Senhora da Esperança, no dia seguinte, àquela hora, já singraria os mares à leste da África.

O dia 24 de maio de 1500 é o ponto de inflexão na viagem de Pedro Álvares. A esquadra despertou no meio de um furacão. Ondas imensas ameaçavam as caravelas, que rangiam como se quebrassem. Chuvas, ventos desencontrados, mastros partidos, naufrágios. O próprio Pedro Álvares viu o mar engolir a nau de Bartolomeu Dias, desaparecido no mesmo local que o consagrou. A tempestade durou vários dias e destruiu a esquadra. Quando o tempo amainou, o comandante descobriu que, além da dispersão da frota, Portugal perdera quatro de seus melhores navegadores: Bartolomeu Dias, Simão de Miranda, Aires da Silva e Luís Pires. Com eles, as tripulações, os soldados embarcados e as valentes caravelas. O desânimo invadiu os sobreviventes.

Não se pode culpar Pedro Álvares por esta tragédia. Até hoje, apesar da sofisticação tecnológica, o cabo da Boa Esperança é um desafio aos navegantes. No local, há o encontro de duas correntes marítimas. Uma vem do oeste; outra, do leste. Juntas, elas criam um refluxo e voltam para o leste. Também ali, os ciclones extratropicais, gerados no oceano Pacífico e alimentados em força na sua passagem pelos Andes e oceano Atlântico, deságuam, violentos. No inverno ou no verão, há sempre ciclones na região do cabo. Embora, no inverno, a situação se deteriore. As correntes contraditórias geram ondas que, facilmente, alcançam dez metros. Sem obedecer à direção dos ventos, elas atacam por todos os lados. Os homens do século XV não tinham estas informações, nem equipamentos capazes de prever fenômenos meteorológicos. Pedro Álvares não podia adivinhar a tempestade que destruiu os seus sonhos. Ele, Vasco da Gama ou qualquer outro navegador agiria da mesmíssima maneira. Simplesmente deixaria a intempérie decidir o seu destino, enquanto orava. Mas a História não perdoa os derrotados, nem quando a derrota é provocada pelo imponderável. Pedro Álvares acabou culpado pela morte de Bartolomeu Dias, o homem que, teoricamente, vencera o cabo. Além do mais, na ponta do lápis, deu ao Império Português um prejuízo de 144 mil contos de réis, preço aproximado dos barcos e materiais perdidos. Uma fortuna.

Pedro Álvares desnorteou, apesar de encontrar forças para ir em frente, seguindo o roteiro planejado. Fez o melhor, mas o seu melhor apenas destacou o desconhecimento do mar e do mundo. No rico reino muçulmano de Quiloa, onde Vasco da Gama não conseguira permissão para atracar, ele fundeou. Após negociações difíceis, chegou-se a um acordo para a compra de especiarias. Comemorando a decisão, Pedro Álvares ordenou uma salva de tiros de canhão. Desastrada decisão. O rei, ignorando tal costume e o poderio das armas, achou que o comandante luso o ameaçava e despachou os portugueses sem fechar nenhum negócio.

O escorbuto começou a maltratar a tripulação. Problema resolvido na chegada a Melinde, local em que, além de recepcionar Pedro Álvares com fidalguia, o soberano ainda mandou lhe entregar uma cesta de limões e laranjas para curar a doença. Também cedeu um piloto para guiar a destroçada frota. Com o auxílio deste marujo, Pedro Álvares chegou à entrada do mar Vermelho, mapeou as rotas comerciais da região e, finalmente, após muito vai e vem, ancorou diante de Calicute.

Festa. Com reservas e não me toques, mas festa. Afinal, nem tudo foi confusão na viagem de Pedro Álvares. Enquanto trocavam as delicadezas de praxe, tornava-se claro que um povo não confiava no outro. Tentando levantar os ânimos, a frota portuguesa inventou nova salva de canhões — quase outro desastre. Enfim, ficou um chove não molha até que, finalmente, o Samorim Rajá aceitou receber Pedro Álvares. Ocorreu o inesperado. O rico império português, habituado a fazer e desfazer nos quatro cantos do mundo, passou o maior vexame.

Coberto de imensos diamantes, safiras, rubis, esmeraldas, ouro, pérolas e sentado em um trono de prata, incrustado de pedras preciosas, o Rajá ouviu a carta de dom Manuel e recebeu os presentes que ele lhe enviava: uma caixa de fósforos, cortes de brocado, um exemplar antigo da revista *Hola* e quatro almofadas das Casas Bahia. Pedro Álvares registrou em seu diário o sorriso meio benevolente meio irônico do Rajá e a sua própria aflição por, diante de tanta opulência, oferecer uns agrados de quinta categoria.

O descompasso ainda não terminara. Após muita conversa, Pedro Álvares acertou a instalação de uma feitoria lusa em Calicute e começou a encher os porões de seus poucos barcos com as especiarias arduamente conseguidas. Semana após semana. Meses. Tempo longo e irritante. Os indianos concordavam e refugavam, enquanto os portugueses construíam a feitoria e, a duras penas, negociavam sem saber direito com quem lidavam, embora o *língua* Gaspar de Lemos advertisse várias vezes ao comandante que, no Oriente, *não vale o escrito*. É preciso pechinchar, voltar atrás, recomeçar, lamuriar-se, para o vendedor sentir-se valorizado. Igual ao presidente norte-americano George Bush, ao invadir o Iraque em 2003, Pedro Álvares desprezou uma cultura que não conhecia. Achou que bastava sapecar o jamegão num papelzinho e ponto final. Quebrou a cara. O Rajá não nadava em dinheiro à toa. Enquanto engambelava os lusos, continuou vendendo especiarias aos compradores de sempre.

No dia em que Pedro Álvares viu uma nau moura passar carregada da mercadoria que, por contrato, lhe pertencia exclusivamente, não conversou. Bombardeou-a, afundando-a. O Rajá não gostou e, em retaliação, mandou atacar a feitoria lusa. Resumindo, o mundo caiu. Na briga morreram 54 portugueses. Entre eles, o feitor-mor Aires Correa e o escrivão Pero Vaz de Caminha.

Enfrentando, simultaneamente, uma de suas crises de malária, Pedro Álvares irritadíssimo, descontrolado, vingou a morte de seus comandados da pior maneira possível: ordenou que as seis caravelas bombardeassem Calicute. A cidade foi destruída e o novo escrivão anotou "(...) *matamos infinita gente e fizemos muito dano* (...)". Para quem pretendia iniciar longa relação de amizade com Samorim Rajá, tal desfecho não podia ser pior. *Seu* Cabral só não voltou ao reino de mãos abanando porque — seguindo indicação de Gaspar de Lemos, conhecedor daquelas bandas — dirigiu-se ao reino de Cochim, onde, aleluia, finalmente abarrotou as naus de especiarias.

Quem não tem sorte no mar, a ele não deve voltar. Pedro Álvares retornou a Lisboa com seis naus. Mas, na altura de

Melinde, a comandada por Sancho de Tovar encalhou e a solução foi incendiá-la com a carga de especiarias. Restaram cinco. Cumprindo ordem do comandante, a *Annunziata* — oficialmente, ela não pertencia à frota, fora armada por comerciantes italianos estabelecidos em Lisboa — partiu na frente para reconhecer o caminho. As quatro últimas ficaram para trás e encararam uma nova tempestade, que engoliu uma delas. Já navegando na costa ocidental da África, Pedro Álvares decidiu que os três barcos restantes reabasteceriam antes de, finalmente, chegar em Portugal.

A *Annunziata* atracou primeiro em Lisboa. Menos de 15 dias depois, em 21 de julho de 1501, a nau-capitânia entrou no Tejo.

Começava ali — mais longa e mais dolorosa — outra viagem de Pedro Álvares. Dom Manuel recebeu-o com honras, mas demonstrou seu desagrado pela perda de tantos barcos e vidas. Breve, toda a corte comentava os desacertos do navegador que achara um continente, mas, infelizmente, carregava o fardo de nunca lhe sorrir a sorte.

De 1501 a 1519 ou 1520, a data é incerta, Pedro Álvares — nessa altura, de moto-próprio, já assinando Cabral, Freud explica — morou em Belmonte, onde morreu. Em 1502, dom Manuel ofereceu-lhe o comando de uma esquadra que iria à Índia, desde que ele dividisse o poder com outro navegador. Ofendido com a proposta, Pedro Álvares não aceitou. Caiu em definitiva desgraça. Em 1503, 1508, 1509, 1510, 1514 e em 1515 escreveu cartas a dom Manuel, colocandose à disposição para, novamente, servir ao Reino. *El Rey* nunca respondeu a seus pedidos. De próprio punho, Pedro Álvares registrou: "*minha pena, por possível soberba, recebe alta punição*".

Nunca entenderemos a vida de Pedro Álvares, o mistério de sua inexperiência receber o comando de uma missão quase impossível, o seu autoexílio, o fato de a História imortalizá-lo com o nome errado.

Realmente, este homem enigmático *tinha* que "achar" *o* Brasil...

A cruz que abençoou as navegações

"Da nossa vida só se consegue ver a capa que a envolve, mas ninguém é capaz de descortinar os fortes mandamentos que a regem por dentro."

Regra da Ordem Templária
***Os templários*, Gérard de Sède; Editorial Estúdios**
Lisboa, 1961

Cruz de Malta, juram os torcedores do Vasco Futebol Clube descrevendo o símbolo que os portugueses pregaram às velas de suas embarcações.

Cruz Templária, corrigem os menos desavisados.

Cópia de uma antiga cruz grega, insistem alguns historiadores.

Cruz de Cristo, teimam os *nerds*, explicando que, talvez por excesso de bacalhoada, a Cruz Templária engordou durante o período em que a ordem, escondida em Portugal, tentou disfarçar os seus signos.

Todo mundo tem razão. A Cruz de Malta, símbolo das grandes navegações portuguesas, é, um pouco mais rechonchuda, a cruz dos templários, monges-soldados que, ao fundar sua ordem, buscaram inspiração em uma antiga cruz grega, modelada em prata. Assim, eles desenharam o sinal que lhes marcava o uniforme. Criaram imagem forte: hábitos brancos, cruz vermelha à altura do coração. Assustavam os adversários. Os templários destacaram-se como soldados valentes, disciplinados, audazes.

A Ordem Templária foi massacrada em 1312 pelo rei francês Felipe, o Belo. No dia do massacre, o papa Clemente V assinou a bula de sua extinção. Muitos sobreviventes refugiaram-se em Castro Marim, que, desde o século X, sediava a Ordem em Portugal. Em 1312, portanto, os Templários já eram velhos de guerra em praias lusas. Seu grão-mestre usava o título de Mestre de Avis. Realmente, o português medieval não parava de tirar coelhos da cartola. Quando o papa imaginaria que os Templários, sofisticadamente instalados em Paris, mantinham um braço secreto no Algarve?

Conhecendo este porto seguro, quando o pau comeu na França, quem pôde se mandou. Podemos relatar a fuga de maneira amena. Pós-moderna, talvez. Antes de escapar, os sobreviventes fizeram um DOC para o Banco de Portugal, remetendo os seus muitos milhões. Ora, pá, haveria outro motivo para dom Dinis recebê-los tão efusivamente?

Muitas das propriedades da extinta Ordem Templária passaram para o tesouro português. *L'argent, toujors l'argent*, resmungou um monge mais esperto, sugerindo a dom Dinis inventar um apelido para a Ordem dizimada. Assim nasceu a Ordem de Cristo.

Dom Dinis achou o codinome um charme e moveu céus e terras junto ao papa João XXII, substituto de Clemente V, para reconhecê-la. O que ocorreu em 14 de março de 1319, através da bula *Ad ea exquibus*, sete anos depois do quiproquó francês.

Devidamente rebatizada, a Ordem de Cristo sequer se deu o trabalho de modificar os estatutos. Usou as mesmas regras e símbolos templários. Depois, cansada de Castro Marim, muito longe do buchincho, arrumou as malinhas e se mudou para o convento de Tomar, na cidade do mesmo nome, distrito de Santarém.

Em Tomar, apoiada pela alta nobreza portuguesa, a versão revista e revisitada da Ordem Templária ressuscitou a saga de poder, riqueza e mistério. Depois do massacre, os templários/Ordem de Cristo convenceram-se de que em boca fechada não entra mosca. Por isto, tantas dúvidas sobre as suas atividades. Até hoje, há mais especulação do que fatos.

Um dado é histórico: dom Dinis, o infante dom Henrique, dom Manuel, dons Joões, dons Afonsos, dons Sebastiões, dons isto, dons aquilo, a maioria esmagadora dos reis e infantes portugueses usaram o título de grão-mestres da Ordem de Cristo. Estar tão próximo do poder permitiu aos neotemplários também exercer poder. Até porque, amáveis leitores, o dinheiro pertencia a eles. Resumindo, a Ordem dava as cartas.

A acumulação de capital marcou as atividades templárias. Os monges foram banqueiros, donos de vastidões de terras, de incontáveis palácios, de ouro em quantidade. Frutos de dois séculos de excelente administração e um empurrãozinho do Vaticano. Pelas regras que fundaram a Ordem dos Pobres Cavaleiros de Cristo e do Templo do Rei Salomão, razão social dos Templários, nem ao papa seus seguidores deviam explicações.

Sem dividir o apurado, liberada de impostos, emprestando dinheiro a juros, comprando e vendendo, realizando transações financeiras, a Ordem amealhou fortuna incalculável, transformando-se em poder paralelo. Ameaça ao trono e à Igreja. Felipe, o Belo, e o papa Clemente V resolveram o problema à moda cristã, desde sempre viciada numa fogueirinha.

Para evitar o risco de ouro ou de documentos importantes também virarem cinzas, os templários foram amarrados às fogueiras completamente nus. No momento do sacrifício — 18 de março de 1314, após as orações das 18 horas —, o grão-mestre Jacques de Molay pediu para afrouxarem as cordas de suas mãos, pois pretendia uni-las em oração à Nossa Senhora. Antes de as chamas consumirem-no, Molay vaticinou, as mortes próximas de Felipe, o Belo, e de Clemente V. Coincidência ou não, Felipe morreu sete meses depois, durante uma caçada, ao cair do cavalo atacado por um javali. Clemente V faleceu de hemorragia intestinal apenas um mês após a execução de Molay.

O oculto exerce extraordinária atração sobre o espírito humano. O valente passado dos templários, a dignidade com que enfrentaram o fim, o fato de a realeza lusa andar às voltas com a Ordem de Cristo possibilitaram o nascimento de muitas histórias. Algumas verdadeiras. Outras, nem tanto.

Mas é fato que a cruz templária encimou a frota portuguesa, que conquistou o mundo. Navegar sob esta cruz revelava a Ordem de Cristo nos bastidores da grande aventura marítima. Para isto, ela contou com o apoio decisivo do infante dom Henrique, o Navegador, fiel cumpridor das regras e preceitos templários e administrador da Ordem desde 1420.

O místico dom Henrique escolheu um local repleto de simbolismos para acolher o seu movimento científico: Sagres. Considerada o final da Europa, a ponta de Sagres servira de palco a ritos secretos celtas e romanos. O comportamento do infante — homem religioso, atraído pelo ocultismo, autor de um livro sobre astrologia, ascético, misógino e sempre vestido com a longa capa preta dos monges — ajudou a reforçar as lendas da participação da Ordem de Cristo na aventura marítima portuguesa.

Sem dúvida, dom Henrique imprimiu a ideologia templária à política das navegações. A ordem dada a Gil Eanes, "*sempre em frente, a proa rumo aos mistérios*", resume a coragem, o espírito de aventura e a disciplina dos monges-soldados.

"*A proa rumo aos mistérios*" é também uma bela metáfora da insensata coragem lusa de se atirar rumo ao desconhecido, como se cumprisse inevitável e transcendente missão. A frase ecoa, ainda, a valentia templária durante as Cruzadas, quando, muitas vezes, os monges partiam para o combate sabendo que partiam para a morte. Sem hesitar, cavalgavam "*rumo ao mistério*". Tal e qual os portugueses a bordo das caravelas.

A coragem templária nas batalhas confunde-se à coragem lusitana no mar. A Ordem punia severamente quem "*recusasse o mistério*", abandonando o posto durante as batalhas, mesmo sendo o inimigo muitas vezes superior. O próprios islâmicos admiravam-lhe a tenacidade. Elogiando a tropa de Malik Sahid que, em 1250, prendeu o rei Luís IX, o historiador Ibn Wasil definiu-a como "templários do Oriente". Na retirada de Acre, os monges arriscaram as suas vidas, acolhendo e transportando milhares de refugiados da ilha de Chipre à Europa.

Novamente se cruzam portugueses e templários, ambos mestres na navegação. Nos séculos XI e XII, ninguém sabia mais sobre ciência náutica do que os templários. Todos os estaleiros ao longo da costa do mar Adriático pertenciam a eles. No século XIII este conhecimento concentrava-se em mãos portuguesas. Não existem provas documentais sobre a transferência de *know-how*. Mas é quase impossível que dom Dinis, ao acolhê-los em seu reino, também não tenha acolhido os seus conhecimentos.

Combater os infiéis era a primeira regra da Ordem. No entanto, dom Henrique não organizou nenhuma expedição religiosa. Elaborou uma estratégia mais sofisticada e tentou encontrar a rota capaz de surpreender os muçulmanos pela retaguarda. Mas enviar soldados para combatê-los, jamais enviou. Somente em Ceuta, na invasão determinada pelo pai, dom João I, o infante combateu o Islã. Mas em 1415, dom Henrique tinha apenas 19 anos e ainda não se tornara o respeitado mentor de Sagres.

Se o infante não obedeceu ao principal mandamento da Ordem, os príncipes que o sucederam encarregaram-se de amenizar este possível erro. As colonizações portuguesas fizeram-se sob a cruz templária, as terras descobertas eram incorporadas à Coroa "em nome de Cristo, Nosso Senhor". Atrair o gentio para o cristianismo constituía uma das primeiras preocupações de Portugal. A dupla Ordem de Cristo/ Coroa lusa atuou *pari passu.* Inclusive no Brasil.

Uma ordem de dom Manuel, orientando os colonizadores a "*misturar o seu sangue ao sangue de todos os povos*", revive a ideologia templária de confraternização dos povos — começo a desconfiar que os templários foram a vanguarda da globalização. Não há como provar que as palavras do Venturoso obedeciam a determinações de Tomar. O mais provável é que o senso prático de dom Manuel, também grão-mestre da Ordem de Cristo, tenha entendido que, sem se miscigenar, um país de dois milhões de pessoas jamais controlaria a vastidão de terras recém-descobertas. Das Índias à América, com escalas pela África.

De qualquer modo, é bom lembrar que "*misturar sangue*" não significava, em absoluto, que os conquistadores cortejavam as índias com palavras doces, enquanto as seduziam com ramos de rosas. A ideologia da miscigenação justificou a violência e oficializou o estupro.

A história templária é fascinante, talvez por isto se recuse a morrer. A Ordem, um exército travestido de organização religiosa, foi fundada em 1118, na cidade de Jerusalém, pelo francês Hugo de Payen junto com oito nobres. Dez anos depois contava com 300 cavaleiros e mais de três mil soldados. São Bernardo, fundador da abadia de Claraval, a mais importante entre as cistercienses, linha cristã de rígido ascetismo, escreveu um panfleto enaltecendo-os: "*nunca os vemos penteados, raramente lavados, vivem com a barba descuidada e estão sempre sujos de pó (....) não só é maravilhoso, mas ainda digno de todos os louvores*". Elogio dispensável, nem os *hippies* ousaram tanto. Apesar de o mundo civilizado lhes dever o renascimento da produção industrial de piolhos.

Em 1128, Hugo de Payen tomou um banho, deu o braço a são Bernardo e ambos desembarcaram em Roma, atrás do reconhecimento oficial da ordem. Conseguiram. No mesmo ano, o Concílio de Troyes concedeu aos templários estatutos que diferiam dos normalmente impostos às outras congregações. Castidade, uma obrigação. Obediência? Apenas ao grão-mestre geral. Nem ao papa nem à autoridade laica os templários deviam satisfações. A pobreza passava ao largo. A Ordem já saiu do Concílio livre de taxas e impostos, mas com permissão de cobrá-los de quem quisesse. O sistema bancário desenvolvido por ela representa o máximo da vanguarda. Oferecia letras de câmbio, contas correntes, pensões, penhora, empréstimos, operações consignadas, gestão de depósitos particulares, transferência de fundos internacionais, operações de câmbio, poupança remunerada, cheque especial com juros exorbitantes e, dizem, até o *Plim*. Não, não aconteceu no Brasil. Aconteceu na França e o principal executivo deste banco mundial medieval sequer tinha diploma de *MBA*.

Chegaram aos nossos dias algumas letras de câmbio templárias. Impressionam pela compreensão da flexibilidade do capital. As letras têm dez colunas: data, local de emissão, origem, destino, montante, natureza das divisas, prazo de vencimento, nome dos subscritores, nome dos beneficiários, observações e, finalmente, o valor. Este item revela que os templários especulavam com as diferenças de câmbio, cobravam ágio, seguro e corretagem. Jeitinho (epa, olha nós aí) de driblar a proibição cristã de emprestar dinheiro a juros. Por debaixo dos panos, os templários lucravam, e muito. Ser banqueiro é outra coisa.

Com tais recursos à disposição — além dos saques de guerra, das fortunas pessoais dos adeptos, das generosas doações de vários reinos cristãos na intenção de converter hereges e da quantidade de pessoas físicas que lhes deviam fábulas, inclusive Felipe, o Belo —, menos de cem anos depois, os templários acumularam riqueza e poder capazes de enfrentar o Vaticano e, de quebra, qualquer rei. Em Paris, onde estabeleceram sua sede central, compraram mais de metade da cidade. Tanto dinheiro e força, aliados à boca de siri sobre as suas rotinas, fomentou inveja e hostilidade. Do rei ao povão, ninguém os aturava. É do final do século XIII a toada "*O Mestre, os irmãos do templo/Que no Oriente nadam/Em prata, ouro e riquezas...*" Definitivamente, a plebe também antipatizava com a Ordem.

Resumindo: após bastante fofoca sobre supostas heresias, homossexualidade, idolatria a ídolos pagãos etc. e tal, o Estado e a Igreja aproveitaram a chance e encerraram a festa de quem os ameaçava. Em operação estrategicamente perfeita — Felipe, o Belo, distribuiu ordem lacrada, com a determinação de que todos a abrissem apenas em determinado horário —, foi ordenada a imediata prisão dos templários. O rei da França pegou a maioria e, sem lhe dar chance de defesa, despachou-a para a fogueira.

O tiro saiu pela culatra, o episódio fortaleceu a mística templária. Desarvorados, mas ainda riquíssimos, os remanescentes da matança generalizada esconderam-se em Portugal.

As lendas que envolvem a Ordem de Cristo são tantas que, aos poucos, os templários se transformaram em Oxumarés históricos. Todos ouviram falar deles, mas ninguém sabe quem são.

Nem nós. Ao menos, como deveríamos saber. Afinal, eles ajudaram a descobrir o Brasil. Mas, já que para bom entendedor meio episódio basta, vejamos os antecedentes da viagem de Pedro Álvares.

No dia 8 de março de 1500, na capela de Nossa Senhora do Restelo, em Lisboa, durante a missa anterior à partida da esquadra "achadora" do Brasil, a bandeira da Ordem de Cristo tremulava no altar. Terminada a cerimônia, dom Manuel, rei de Portugal e grão-mestre da Ordem, pegou-a e, pessoalmente, entregou-a ao comandante da frota e cavaleiro da Ordem.

É muita Ordem para um só descobrimento.

Dá para desconfiar, não dá?

Aljubarrota, a batalha que fundou duas dinastias

A batalha de Aljubarrota, que fixou as fronteiras portuguesas com a atual Espanha, criou duas dinastias: a de Aviz e a de Bragança. A primeira, logo entronizada, encerrou uma confusão familiar que extrapolou o palácio, transformando-se em briga nacional. A segunda esperou um tempinho para alcançar a coroa. Em compensação, tornou-se a casa real brasileira. Genuinamente brasileira: metade é conservadora; a outra metade, surfista — aí, xará, maior *crowd* e "seu" príncipe no meio.

A história de Aljubarrota começou com a morte de dom Fernando I, irmão paterno do Grão-Mestre da Ordem de Cristo, infante mais conhecido como Mestre de Avis.

O rei dom Fernando foi o duque de Windsor medieval, apenas não precisou abdicar para casar com a amada. Sua Wallis Simpson, dona Leonor Teles de Menezes, despertou enorme antipatia popular, mas acabou rainha. O amor é lindo, suspiramos todos à espera de quem nos arrebatará o coração até a próxima escala. Com dom Fernando não se passou diferente. O homem estava noivo da infanta de Castela quando de repente, não mais do que de repente, esbarrou em dona Leonor, filha de influente família portuguesa e já casada com um nobre da Beira.

Paixão fuminante, dom Fernando desvairou-se. Por conta de tal amor, o nobre da Beira sumiu e morreu gente aos magotes (esta história é antiga, paixões arrebatadoras nem sempre terminam bem).

Enfim, quando começaram os murmúrios de que dom Fernando embarcaria no matrimônio com Wallis — quer dizer, dona Leonor —, Portugal descabelou-se. As ruas estremeceram, o povão estrebuchou. Plebe, burgueses, artesãos, operários, todos manifestaram desagrado com a noiva escolhida. Imagina, uma adúltera, embolou-se com o rei antes de o nobre da Beira ir habitar entre os mortos, como quer ser rainha? Comentário pouco *fashion* e inválido. *Vide* Camilla Parker Bowles e o reino da Inglaterra. O enredo não mudou.

O apaixonado Fernando investiu no estilo songamonga. Enquanto fingia ouvir os protestos e arruaças, casou-se secretamente com a sua Leonor. Depois, sumiu — quem casa em estado amante, usa desaparecer até sossegar o facho. Ao voltar da lua de mel — exausto, os fofoqueiros da corte não perderam a ocasião — mandou executar os líderes da manifestação contra a nova soberana. Enterrados os sacripantas, o casal seguiu a rotina dos apaixonados. O marido saía para trabalhar e a mulher ficava em casa pilotando o fogão e educando a infanta Beatriz, gracinha de criatura.

Quando dom Fernando morreu, em 1383, começou a baixaria. Dona Beatriz, recém-casada com dom João I de Castela, esposo que comboiava uma filharada do casamento anterior, seria a sucessora. Porém, o contrato de núpcias estipulara que o trono português caberia ao filho varão que dona Beatriz viesse a ter com o marido. Neste ínterim, a regência caberia à dona Leonor. Nem morto dom Fernando ignorou a amada.

Lindo, aplaudem os românticos, esquecidos de que na vida o buraco é mais embaixo. Povo e parte da nobreza não gostaram do acordado e puseram a boca no mundo. Mais o povo que a nobreza. O comando do espetáculo coube à arraia-miúda.

Para salvar a situação, chutar dona Leonor, acabar com a política de dom Fernando, entrou em cena dom João, Mestre de Avis, filho bastardo de dom Pedro I e da plebeia Teresa Lourenço. Ou seja, dom João era irmão, por parte de pai, do falecido dom Fernando. Cunhado, portanto, de dona Leonor Teles de Menezes.

Dom João representava o salvador, alguém que livraria o trono da odiada Castela e minoraria os efeitos do governo de Fernando, um desastre em impostos, nos agrados à nobreza, na teimosia implicante de desvalorizar a moeda e empobrecer a plebe. Esperançoso de que o Mestre de Avis transformasse a realidade — santa ingenuidade —, o povo pegou em armas, assustando a regente.

Sogras não têm chance, na primeira ocasião descem-lhe a porretada. Dom João de Castela respeitou o figurino. Tão logo dona Leonor embarcou na idiotice de pedir socorro ao genro, ele entrou em Portugal, cercou Lisboa e obrigou-a a lhe ceder a regência. O fumegante caldo entornou de vez.

Dom João I de Espanha e o Mestre de Avis partiram para a briga, recomeçou o interminável perrengue entre os países vizinhos. Os Joões alternavam cercos e lutas, enquanto a política interna portuguesa pegava fogo e a peste colaborava, matando uma multidão. Período turbulento, só vendo para crer.

Dom João, Mestre de Avis, batalhava em duas frentes. Internamente, procurava contornar as discórdias com a nobreza e agradar ao povão, de quem recebia apoio. Externamente, esfalfava-se com Castela. Deu certo: em março de 1385, a Corte de Coimbra reconheceu-lhe a realeza. O zé-povinho vibrou, sentiu-se importantíssimo. O apoio popular coroara o soberano.

Logo após a efeméride, badalações, homenagens, estas coisas muito boas que enfeitam e agradam o bem-viver de alguém, Portugal foi invadido na região da Beira. Aparentemente, o fantasma do nobre corneado armara a sua vingança. Para desconsolo dos que acreditam em bruxas, o fato assustava mais: A invasora, Castela, revelava-se disposta a encerrar o papo, derrotando dom João I, o de Portugal — uma encrenca, esta história de inimigos lutando e usando o mesmo nome, dificulta a narração.

Neste momento destacou-se a liderança do maior aliado do Mestre de Avis: Nuno Álvares Pereira (1360-1431), futuro avô materno da dinastia Bragança. Nuno Álvares Pereira guerreava igual um mouro. Liderava tropas treinadas e sustentadas por sua fortuna particular. A expressiva vitória na batalha de Atoleiros (1384) — um bando de camponeses contra a cavalaria castelhana — levou o Mestre de Avis a honrá-lo com o título de condestável.

O condestável se dava ao respeito. Desde sempre, soube se impor. Em uma ocasião, bodas reais em Castela, ele literalmente virou a mesa ao descobrir que não haviam lhe reservado lugar de destaque. A comida se espalhou, os convivas se espantaram, a noiva caiu do salto. Mas ninguém reclamou, nem os anfitriões. O pessoal sabia que Nuno Álvares Pereira excedia em riqueza, audácia e inteligência, as marcas dos seres fortes.

Com tal homem a seu lado, o Mestre de Avis travou, em Aljubarrota, a batalha decisiva. Venceu e ganhou, fundando a Casa de Avis. Apenas uma das dinastias a nascer em Aljubarrota. A Casa de Bragança, que dom João VI trouxe para o Brasil, também é fruto de Aljubarrota.

Graças ao condestável, a batalha de Aljubarrota marcou a introdução do uso da infantaria (combatentes a pé) nas batalhas portuguesas. Álvares Pereira buscou inspiração na estratégia utilizada pelos ingleses durante a Guerra dos Cem Anos e nas antigas legiões romanas, que se moviam em quadrados compactos. A decisão ousada de mudar as regras do jogo assustou o inimigo, decidiu a guerra contra Castela e encerrou a revolução interna que agitava Portugal desde a morte de dom Fernando. Tudo em um dia só.

Fernão Lopes, o mais conhecido cronista da época, diz que Nuno Álvares Pereira "(...) *foi o primeiro que de memória dos homens até esse tempo fez batalha em Portugal por terra e a venceu*". Embora contrarie a versão oficial, o grande líder de Aljubarrota foi Nuno Álvares Pereira e não o Mestre de Avis.

Graças ao condestável, o rei conseguiu equilibrar a recém-colocada coroa.

A sangrenta batalha de Aljubarrota ocorreu em 14 de agosto de 1385, um dia de sol e céu azul. Testemunhos de sobreviventes falam em dois ataques. O primeiro, com tropas francesas reforçando as castelhanas, ocorreu de manhã. O segundo, quase ao pôr do sol. Os lusitanos venceram ambos, apesar do elevado número de mortos nos dois lados. A inovação de Nuno Álvares Pereira revelou eficiência. As tropas portuguesas, reunidas em dois quadrados, plantaram-se no terreno em formação cerrada, circundando o rei e o seu estandarte. Apesar de numericamente superior e mais bem armada, Castela não conseguiu romper as defesas lusas que, quando ameaçadas, voltavam a se fechar e, novamente, atacar.

Da batalha de Aljubarrota existem diversos documentos. Um deles registra o orgulho dos soldados portugueses: o estandarte real não caiu uma só vez. Os castelhanos chegaram a ameaçá-lo. Mas o mestre-sala viu e, gingando o corpo, afastou o perigo. A porta-bandeira, elegante, curvou-se para a flâmula e saudou o distinto público. A Sapucaí delirou.

Expulso dom João I — de Castela, lógico — a paz voltou a reinar. Dom João I — de Portugal, meu Deus... — firmou a sua realeza. As fronteiras com a Espanha fixaram-se de vez. Nuno Álvares Pereira resolveu sozinho algumas raras contendas que voltaram a explodir entre Castela e os lusos. A mais importante delas, a batalha de Valverde. Nada preocupante. O condestável, nesta altura promovido a conde de Ourém, deu conta do recado direitinho. Finalmente, em 1411, o acordo de paz entre Portugal e Castela acolheu o jamegão de ambos os lados.

Mas — sempre existe um *mas* — a batalha de Aljubarrota deixou um saldo preocupante para dom João I, de Portugal. Encerrado o quebra-pau, dom João descobriu que quase a metade do reino estava nas mãos do fantástico, o extraordinário, o inigualável Nuno Álvares Pereira. E que, no cofre do conde de Ourém, tilintavam mais moedas do que no seu próprio. Um susto, já que ambos sabiam que manda quem pode, obedece quem tem juízo e, desde que o mundo é mundo, dinheiro é autoridade.

Rapidamente, o rei determinou o recolhimento de toda fortuna espalhada, inclusive a do conde de Ourém: o Tesouro luso guardaria a dinheirama. Uma saia justa: Nuno Álvares Pereira inspirava respeito e dom João o temia. Para compensar o tranco no bolso do aliado, dom João apareceu com argumento infalível: casar Afonso, um de seus bastardos, com Brites, única herdeira de Nuno Álvares Pereira. Claro, primeiro assinariam um acordo nupcial com as respectivas trocas de benesses. Ah, o amor paterno, Nuno Álvares Pereira desmanchou-se, entregando ao soberano mais que o solicitado. Afinal, sua filha passaria a integrar a família real.

Trato feito, trato aceito: realizaram-se as bodas. O rei embolsou a poupança do conde que se derramou em lágrimas sobre a sua princesinha, já de fato e de direito.

Ninguém poderia adivinhar. Mas o casamento originou a Casa Real de Bragança, que, séculos mais tarde, tornou-se surfista no Atlântico Sul.

Esta história contaremos após os comerciais.

Auriverde, pendão da minha terra

Vamos esclarecer de uma vez por todas: o verde e o amarelo de nossa bandeira não simbolizam, absolutamente, as nossas matas e o nosso ouro, como ensinam as escolas. Verde é a cor dos Bragança, dinastia que nasceu na batalha de Aljubarrota e reinou no Brasil até 1889. Amarelo, a da mais poderosa família real que o mundo conheceu: os Habsburgo, à qual dona Leopoldina, primeira mulher de dom Pedro I, pertencia. Foi dona Leopoldina quem imaginou colocar o losango, símbolo heráldico feminino, entre as cores de Bragança, representando a união das duas casas.

Assim, encerramos o lero-lero oficial, papo da recém-declarada república para explicar o pavilhão brasileiro sem evocar o monarca expulso. Nesta mentira capenga só falta um mico-leão-dourado para explodir a emoção.

Convenhamos, a história verdadeira dá de dez na oficial. Nossas cores têm passado. Os Habsburgo, considerados a nata do sangue azul, reinaram no poderoso império austro-húngaro e no Sacro Império Romano-Germânico. Começaram a dominar o mundo inteiro quando Felipe, arquiduque da Áustria, casou-se com Joana, a filha dos reis talibãs — digo, católicos — Fernando e Isabel. A união dos dois jovens ligou a casa real de Castela ao nobilíssimo clã Habsburgo. Carlos V, filho de ambos, herdou, pelo lado materno, a Espanha e suas ricas colônias, a Sicília, a Sardenha e Nápoles. Pelo paterno, coube-lhe a Áustria, o sul da Alemanha, o Tirol, os Países Baixos e a Borgonha.

Filipe II, filho de Carlos V e da infanta portuguesa Isabel, aumentou ainda mais o já extraordinário poder paterno. Após a batalha de Alcácer-Quibir (ver *Alcácer-Quibir, a batalha que aumentou o Brasil*), como o desaparecido rei dom Sebastião não deixara herdeiros diretos, Filipe, seu tio, tornou-se rei de Portugal e suas colônias: Ásia, África, Brasil. Na segunda metade do século XVI, Filipe II — um Habsburgo, nobreza com raízes no século XI — tornou-se, literalmente, o dono de todas as terras conhecidas. Somente a França, a Inglaterra e a Holanda não lhe pertenciam.

Como se vê, um clã para ninguém botar defeito.

A este clã pertencia a arquiduquesa da Áustria, Maria Leopoldina Josefa Carolina de Habsburgo, filha de Francisco II, imperador do Sacro Império Romano-Germânico, e de sua segunda esposa, dona Maria Tereza das Duas Sicílias, um ramo da dinastia Bourbon. Pelo casamento, Leopoldina tornou-se imperatriz do Brasil, mãe de dom Pedro II do Brasil, de dona Maria II de Portugal e de mais cinco infantes: Francisca, Januária, Paula Mariana, Miguel e João Carlos.

Pelo lado Bragança, se a tradição é menor, também sobra riqueza. Esta casa real nasceu em 1401, ano em que Brites Pereira aceitou para consorte dom Afonso de Avis, primeiro duque de Bragança. Brites, nós conhecemos: xodó de Nuno Álvares Pereira e de sua esposa, Leonor de Alvim. Ao que parece, Álvares Pereira guerreava tanto que não lhe sobrava tempo para outros esportes. Não existem registros de bastardos seus. Enfim explicada a sua paixão pela filha única. Para transformá-la em princesa, Nuno Álvares Pereira pagou montes de ouro e cedeu léguas de terras. Gente, não é lindo?

Dom Afonso é fruto de união melodramática. Nasceu do envolvimento do ainda Mestre de Avis com Inês Pires Esteves. Pelo visto, o Mestre de Avis era supimpa. Quando soube que o amante ia casar com a inglesa Felipa de Lencastre, filha do duque de Lencastre, Inês Pires não deixou barato. Enclausurou-se no convento da Ordem de Santiago, o angiologista, e nunca mais saiu. Dizem, não provam — relatos de amor confundem-se em desenganos —, que Inês tentou atazanar dona Felipa, costurando o nome da rival na boca do sapo. Inútil, já promovido a dom João I, o homem não se cansava. Fez um filho atrás do outro. Inclusive o infante dom Henrique.

História já relatada, voltemos para os Bragança.

Afonso de Avis tinha as próprias terras doadas pelo pai. O sogro se encarregou de lhe engordar o pé-de-meia. Uma semana antes do casório, Nuno Álvares Pereira deu-lhe o condado de Barcelos, além de propriedades ao norte do rio Douro: Gondiães, Sanfins, Canedo, Covas, Bustelo, Tonga,

Moreira, Baltar, Carvalhosa, Sarrães, Montealegre, Barroso, Chabes e Montenegro. Ufa...

No dia 8 de novembro de 1401, Afonso e Brites casaram. dom João I retribuiu a generosidade do sogro do filho, paparicando a nora com luxos da alta nobreza. Elevou-a a duquesa de Bragança, ordenando que a seu nome fosse acrescido o dona. Título finíssimo, na península Ibérica é concedido, somente, às exclusivas linhagens. Além do mais, dona Brites alcançou os privilégios reservados aos príncipes: tratamento de excelência, vassalagem dos fidalgos, camareiras de requinte, ascensão sobre outros infantes de idade inferior, mesmo aqueles nascidos do casamento real. Enfim, um monte de badulaques.

O casal teve dois filhos: dom Afonso, prematuramente falecido, e dom Fernando, segundo duque de Bragança. Além da herança de praxe, os infantes receberam do encantado avô materno tantas e tantas terras que é impossível nomeálas. Defini-los como riquíssimos é pouco, os dois tornaramse potentados. No fim do século XVI, a *Sereníssima Casa de Bragança*, seu título oficial, era considerada a nobreza mais rica de Portugal.

Mas somente em 1640, após Filipe II devolver Portugal aos portugueses, um Bragança subiu ao trono: dom João IV. Desde então, todos os herdeiros reais usam o título de duque de Bragança, como o marido de dona Brites, no início do século XV. Num curioso acesso de fé, após subir ao trono, dom João IV decidiu que, no Portugal restaurado, só usaria coroa na cabeça a responsável pelo milagre do fim do domínio espanhol: Nossa Senhora. Ele e todos os seus descendentes, em respeito à Mãe Santíssima, segurariam o símbolo do poder embaixo do braço. Convenhamos, o homem tinha estilo. Quem duvida desta informação pode conferir os quadros da época. Um a um, os reis Bragança posaram de cabeça descoberta e com a coroa sob o braço. Estranho, mas original. É preciso muita classe para não perder a pose segurando a coroa tal e qual uma *baguette*. Dom João VI, ao se mudar para o Brasil, manteve a tradição. Somente dom Pedro I, na famosa pintura de Debret, "*Coroação de Pedro I*" aparece com a coroa no devido lugar. Ou seja, sobre a cabeça.

Voltando ao que interessa. Dom João IV descende em linha direta de Fernando, segundo filho de Afonso e de Brites. Ou seja, as raízes deste rei nascem em Nuno Álvares Pereira, que, mesmo depois de morto, coroou outro soberano. Desta vez, com o seu sangue. Palmas para Nuno Álvares Pereira, que nunca esperou por nada, sempre fez acontecer.

Dom João IV virou rei meio empurrado. Na verdade, só aceitou o cargo depois de um ultimato de conspiradores que, ao fim do domínio espanhol, pretendiam restaurar a linha sucessória portuguesa. Entre uma república de nobres ou conservar a monarquia com sua ilustre pessoa, dom João IV optou pela segunda alternativa.

A Casa de Bragança manteve-se no poder até a proclamação da república portuguesa, em outubro de 1910, quando reinava dom Manuel II. A dinastia veio para o Brasil com dom João, em 1808, e também permaneceu no trono até a Proclamação da República, em 1889.

Dom João casou-se com a infanta espanhola dona Carlota Joaquina de Bourbon e Bourbon. Seu filho e herdeiro, dom Pedro I do Brasil e IV de Portugal — problema de fuso horário —, uniu-se em primeiras núpcias à nossa já conhecida Maria Leopoldina da Áustria. Como se pode ver, a nobreza brasileira é menos pé de chinelo do que julga muita gente. Joel Serrão, autor do *Dicionário da História de Portugal*, que o diga. Sua obra registra na página 372: "(...) *a importância de uma casa nobre que, em patrimônio e em privilégios, nunca teve outra que se lhe equiparasse ao longo da História portuguesa.*"

Após a morte de Maria Leopoldina, dom Pedro I desposou a princesa Amélia de Leuchtenberg, neta de Josefina, a repudiada por Napoleão. Dona Amélia, filha de Eugênio de Beauharnais — príncipe da França e portador de outros títulos fajutos, concedidos pelo Bonaparte —, descendia da nobreza antiga por parte de mãe, a princesa Augusta da Baviera.

Dona Amélia chegou ao Brasil e logo colocou freios no marido impetuoso. Como sabemos, nos intervalos das obrigações matrimoniais com a primeira mulher, dom Pedro engordou o mundo com alguns filhos bastardos. Não fosse ele nobre, português e maturado nos trópicos. Seu caso com Maria Domitília de Castro Canto e Melo, a marquesa de Santos, transformou-se em fofoca quentíssima. Após uma briga violenta — dom Pedro pretendeu obrigar a aristocrática Leopoldina, em adiantada gravidez, a participar de um beija-mão ao lado da rastaquera Domitília —, a imperatriz faleceu dando luz prematuramente a um infante natimorto. Nobreza e povo se comoveram com a dramática morte da sofisticada imperatriz, que não escondia o seu amor pelo marido e pelo Brasil.

Para encontrar outra esposa, dom Pedro I suou. As cortes europeias, chocadas, não paravam de comentar a tragédia austro-luso-tropical. A fama de mulherengo de dom Pedro completara a volta ao mundo. E olha que nem existia a internet. Mas, desde aquela época, detalhes de alcova são rastilhos de pólvora, o povo adora assuntar. Emissário do imperador à procura de uma noiva europeia e nobre, o marquês de Barbacena cumpriu a missão com louvor. Após oferecer uma festa nababesca, descolou para dom Pedro a jovem e bonita princesa da Baviera. Dona Amélia, com apenas 17 aninhos, usou os trunfos de sua juventude e beleza e acabou de jogar para escanteio a já desprestigiada Domitília. Além do mais, começou a polir a limitada educação do esposo. Impôs a língua francesa como a oficial da corte e exigiu, na Quinta da Boa Vista, o protocolo de uma casa real europeia. O grande poder da nova imperatriz ficou claro quando dom Pedro I resolveu que a sua filha com Domitília, a duquesa de Goiás, passaria a residir no palácio com os irmãos. Ótima madrasta para os filhos de Leopoldina, dona Amélia recusou-se a receber a duquesinha. O assunto morreu. Manda quem pode, obedece quem tem juízo. Dom Pedro se apaixonara por dona Amélia, não desejava desgostá-la e considerou melhor ignorar a filha bastarda. Como sabemos, o amor é lindo, embora machuque uns e outros. O casal teve apenas uma filha, a infanta Maria Amélia, falecida de tuberculose na ilha da Madeira, aos 22 anos.

Dom Pedro II, último imperador do Brasil — além de Bragança, Habsburgo —, casou com Teresa Cristina de Bourbon, princesa das Duas Sicílias. Ou foi sonso ou chato. Além do disse me disse sobre a condessa de Barral, sua suposta amante, dele conhecemos apenas atos de patriotada. Uma canseira, Deus me livre, ninguém desperdiça a vida conversando ao telefone e batendo fotografias.

Um belo dia, exatamente 15 de novembro de 1889, o marechal Deodoro da Fonseca acordou entediado e proclamou a república. Carioca curte tudo, foi uma badalação. A rua se encheu de gente desfrutando a novidade.

Encerrava-se, oficialmente, a festa dos Bragança brasileiros. Mas as cores da bandeira não houve como mudar, o povo gostava delas. Disfarçaram a fachada da flâmula com a frase positivista. Mas o auriverde ficou.

Sem nada para fazer — príncipes desempregados são *overqualified*, quem quer entregar a nobres contracheques proletários? —, os descendentes de Dom Pedro II dividiram-se em dois ramos. Um é esportista; o outro, TFP. O primeiro se diverte com jeito de brasileiro. O segundo, ultraconservador, sonha em agarrar a coroa. Torço pelos surfistas.

Aproveito o momento para sugerir que a minha cidade — coitada, caindo aos pedaços, cada dia estraga mais — se torne o Principado do Rio de Janeiro. Uma Mônaco carioca, já pensaram que luxo? No trono, um descendente de dona Leopoldina da Áustria e dom Pedro I: dom Joãozinho. Orleans, Bragança e Habsburgo. Nossa, o *crème de la crème* do sangue azul. Será que, neste caso, diz-se coágulo?

Além de pertencer à elite da nobreza mundial, o infante se excede em cuidados à filha Maria Christina, portadora da síndrome de Down. Dom Joãozinho dá à sua princesa mais do que o merecido *status*. Dá-lhe amor, apoio e orgulho. Ativo participante do movimento pró-inclusão, ele é um raro exemplo da verdadeira nobreza.

Viva o Principado do Rio de Janeiro.

Quando, em Aljubarrota, Nuno Álvares Pereira imaginaria uma história assim rocambolesca?

Manuel, o Venturoso

Papagaio come milho, periquito leva a fama: nenhuma alcunha define melhor dom Manuel do que *o Venturoso*. Cara de sorte. Se, naqueles idos, existissem loterias, ele paparia todas.

Para começar, coube-lhe a glória da vitoriosa viagem de Vasco da Gama, planejada nos tintins por dom João II. Na história do descobrimento do caminho marítimo para as Índias, a única responsabilidade de dom Manuel foi ordenar que Lisboa festejasse a efeméride. Na ocasião, em entrevista a uma rádio local, *El Rey* declarou que a ocasião exigia euforia, pois navegar é uma caixinha de surpresas. Depois, decretou ponto facultativo.

Mal Portugal sossegou da orgia, veio Pedro Álvares e... pimba, "achou" o Brasil. Lá se foi dom Manuel parar na história de outro continente. Novas festas, novos delírios e assim nasceu o carnaval. Em 1500, para variar, o título de campeã parou nas mãos da Escola de Samba Imperatriz Leopoldinense, que desfilou o enredo "Mais vale um rei de sorte do que um soberano competente". Acreditamos, nem poderíamos deixar de acreditar. Dom Manuel reinou para resultados. Conseguiu. O resto é papo-furado.

Mas ainda tem mais, muito mais, o sucesso é exigente. Logo, o abençoado rei determinou que, anualmente, durante a primavera, zarpasse de Lisboa uma esquadra para arrebanhar especiarias pelos quintais do mundo — os impérios pensam assim, é *off Broadway*, é quintal.

Não chega a ser novidade: os donos de outras terras reclamaram a ousadia lusitana de ir chegando e entrando, como se visitassem a casa da mãe joana. Nada que um par de canhões não resolvesse. Em dois tempos, nosso rei pé de coelho transformou o seu pequeno país em potência mundial. E como a vaidade não é vã — imaginem, a vaidade é utilíssima, braço dado ao dinheiro, ela alavanca o mundo —, dom Manuel, modestamente, passou a se assinar "rei de Portugal e do Algarve, Senhor da Conquista, Navegação e Comércio da Etiópia, Arábia, Pérsia e Índia". Sobre o Brasil — naquela altura exportador de pau-brasil, macacos e papagaios —, nem uma vírgula. Tremenda injustiça.

O muito bem-sucedido reinado de dom Manuel inchou, além das medidas, as estruturas social e política portuguesas. Ao som das fanfarras nasceram os funcionários públicos civis e militares. Os nobres tornaram-se oficiais, pagos pelo rei para guerrear. Os não tão nobres — também com pagamento régio, nos dois sentidos — passaram a escrevinhar o excesso de riquezas abarrotando o reino. Oh, a nobreza amou tanto luxo, tanta festa, tanto charme, tanta chance esplendorosa de desfilar sua pompa, modelitos, peles raras, as joias mirabolantes. Eta, tempinho bom.

Bom mesmo. Desenvolveu-se a indústria náutica e guerreira, o rei construiu um novo palácio, Portugal enriqueceu.

Surgiu o estilo que, mais tarde, recebeu o nome de manuelino. A área administrativa entrou no compasso da magnitude do pequeno/grande reino. As Ordenações Manuelinas, legislando sobre finanças, exército, justiça e administração do Estado, marcam o salto entre o Portugal medieval e o moderno.

Mas sempre surge a bruxa má com a maçã envenenada. Paralela às conquistas e ao desenvolvimento, estourou uma encrenca das boas: os judeus. Durante o reinado de dom Manuel aconteceu o *pogrom* de Lisboa (1506). Tentando driblar o problema apelando ao "jeitinho", o rei se atrapalhou. Na questão judaica, sua política destacou-se como pérola de dubiedade. A História não o perdoa. Tantos séculos passados, historiadores — entre eles, Roy Rosemberg, autor de *Guia conciso do judaísmo* — afirmam que para os sefarditas foi mais fácil lidar com a política espanhola — truculenta, mas clara —, do que com os volteios de dom Manuel, ora acendendo uma vela a Deus, ora ao diabo.

Tudo começou em 1492. Isabel, a talibã da Espanha, e seu marido, Fernando, os reis católicos — imagina se não fossem —, avisaram aos judeus que lhes davam quatro meses para sair da Espanha. Ou seriam executados. Evidente que ninguém pensou em permanecer em local tão acolhedor. Quase cem mil pessoas fugiram para Portugal. Dom João II sentou-se à porteira, cobrou oito reais por cabeça e lhes carimbou o passaporte com validade de oito meses. Depois, cada qual se mudasse a outro canto ou passaria à condição de escravo. A grande comunidade judaica portuguesa acolheu os irmãos cantando loas ao país. A turma se instalou em Lisboa na maior inocência.

Com a morte de dom João II, dom Manuel pegou o bonde andando. E só antenou o problema quando decidiu casar com Isabel, infanta de Castela, filha de Isabel e Fernando. Aliás, em matéria de infantas espanholas, dom Manuel não dormiu no ponto. Sonhando em anexar Aragão e Castela a Portugal, ele casou com duas filhas e uma neta de Isabel e Fernando, os reis católicos da Espanha: as filhas Isabel e Maria e a neta Leonor, irmã de Carlos V e filha da infanta Joana. Claro, dom Manuel foi monogâmico, esperou as esposas morrerem para casar novamente. Dos três matrimônios, teve 13 herdeiros. Seu sucessor, dom João III, é filho de Maria, a segunda mulher. O Venturoso morreu sem conseguir realizar seu plano de, através de bodas reais, aumentar o país. Mas se divertiu um bocado. Até nisso, foi feliz.

A primeira noiva repetia o fanatismo dos pais. Para aceitar o pedido de dom Manuel, bateu o pezinho, avisando que só casaria se não existissem "assassinos de Cristo" em Portugal. Justiça seja feita, dom Manuel cultivava o pragmatismo. Pegou a máquina de calcular, verificou os lucros do enlace e os da comunidade judaica. Decidiu necessitar de ambos: infanta protonazista e judeus. Para realizar a proeza de unir seres tão díspares, inventou a aberração sociorreligiosa denominada cristão-novo.

Se o rei não os queria longe, os hebreus também não pretendiam sair. Costurou-se um acordo oficioso. Os judeus permaneceriam desde que se convertessem. Em troca, dom Manuel lhes garantiria a segurança durante vinte anos. Os dois lados consideraram-se beneficiados. Os sefarditas por só precisarem fingir a nova religião. Dom Manuel por manter o dinheiro judaico dentro de suas fronteiras. Pelo sim, pelo não, com medo de alguma fortuna lhe escapar da mão, o astuto Manuel decidiu, à última hora, que os judeus não poderiam abandonar Portugal por mar. Ou seja, não poderiam abandonar Portugal de jeito nenhum, já que a outra opção resumia-se à fronteira espanhola. Gato escaldado tem medo de água fria, dom Manuel sabia que nenhum membro da "nação" se atreveria a enfrentar as fogueiras de Torquemada.

Malandro demais se atrapalha, a trama de dom Manuel fracassou. A confusão começou quando ele organizou um trágico e forçado batismo coletivo. Os documentos de época relatam os dramas da cerimônia, realizada pomposamente no centro de Lisboa. Famílias inteiras se suicidaram, rejeitando o cristianismo. Apesar das mortes, das fugas, dos judeus levados à pia batismal sob as armas dos soldados, dom Manuel considerou o problema resolvido. Tinha lá os seus motivos. A extinção oficial das judiarias e sinagogas não se concretizara. Os judeus continuaram em seu bairro e as sinagogas mudaram-se para as igrejas católicas, principalmente São Roque, onde, eventualmente, os cristãos-novos realizavam exéquias pelo rito hebraico.

A erva daninha se alastrou onde o rei tinha pouco controle: entre o chamado povão. Conservadores e fanaticamente religiosos, os cristãos-velhos rejeitaram os novos. As duas comunidades não acertaram os seus passos, detestando-se mutuamente e não perdendo ocasião de se prejudicarem.

O surto de peste, em 1506, serviu de pretexto para o *pogrom* de abril. O rei, fora da capital, pela primeira vez provou falta de condições de proteger os judeus. Os cristãos-velhos acusaram os novos de responsáveis pela doença e atacaram a judiaria. Em 24 horas morreram dois mil sefarditas. Muitos no Rossio, queimados em fogueiras alimentadas por gente viva. Ainda não se oficializara a Inquisição, mas os seus tristes métodos engatinhavam em território luso.

Daí para a frente, a questão judaica só complicou. A dissolução do *modus vivendi* que permitira, durante séculos, a convivência harmoniosa de judeus e cristãos em Portugal terminara com o nascimento dos cristãos-novos.

Sentirem-se, de repente, alijados da sociedade constituiu um golpe para os "recém-convertidos" sefarditas. Estimulando o sentimento de rejeição, os cristãos-velhos desenvolveram um extraordinário faro para importuná-los. Dogmáticos e prepotentes, denunciavam vizinhos, parentes e amigos por práticas judaizantes. Tudo na maior sem-cerimônia. O clima de desconfiança mútua provocou silêncio em Lisboa. Ninguém falava além do necessário para escapar a possíveis perseguições.

Em contrapartida, os cristãos-novos isolaram-se em seu gueto, seus hábitos e sua fé. Tornaram-se dissimulados e rancorosos, odiavam os cristãos-velhos, que não lhes davam sossego. Documentos sefarditas registram que a geração crescida entre o *pogrom* e a oficialização da Inquisição portuguesa rejeitava o país, o rei e a religião católica. A maioria dos jovens desejava emigrar. *El Rey* lhes fez a vontade, muitos emigraram à força. Durante o tal batismo coletivo, uma infinidade de crianças judias foi retirada dos pais e enviada às ilhas, onde cresceram educadas por famílias cristãs-velhas de toda a Europa. Por excesso de fé, ou pelos trocados que o Venturoso oferecia a quem topava a empreitada de criar judeuzinhos na crença católica, as ilhas se povoaram de pequenos seres humanos que nunca conheceram a sua ancestralidade.

Como tudo na vida tem verso e reverso, esta migração religiosa me permitiu conhecer a origem de um de meus sobrenomes. Todas as famílias Dutra do Brasil, Açores, Madeira e Portugal descendem de Jobst van Hürter, um fidalgo holandês que se mudou para os Açores, onde ficou conhecido como Job de Utra. Por assonância, Josse Dutra. Na primeira metade do século XVIII, um só descendente de Jobst van Hürter emigrou para o Brasil, participando da fundação da cidade de Porto Alegre, capital do Rio Grande do Sul. Seus descendentes espalharam-se pelo Brasil, produzindo a infinidade de Dutra que recheiam os catálogos telefônicos. Desconheço a origem de meus outros sobrenomes. Mas, com certeza, não fujo à regra do sangue cristão-novo, comum à maioria dos brasileiros.

O Brasil construiu-se com a força dos cristãos-novos. Antes de 1506, os sefarditas já driblavam a ordem real de não sair por mar. Depois do *pogrom*, este movimento intensificou-se. A bordo nas centenas de embarcações que, anualmente, saíam do Tejo, os judeus fugiam atrás de um lugar que lhes garantisse a paz. Muitos preferiram as colônias, principalmente o Brasil. As rotas náuticas da época os desembarcaram principalmente em Pernambuco, litoral paulista e, mais tarde, Rio de Janeiro. A *terra brasillis* parecia distante, proporcionando a impressão de que a Igreja jamais os alcançaria.

A sorte de dom Manuel começou a evaporar. Além de contornar os problemas de cristãos-novos e velhos — cada hora, *El Rey* incensava um lado — em 1515, o rei esbarrou em inesperada crise econômica. Com guerras na África e Ásia para garantir os mercados de especiarias que sustentavam o Império, as finanças ratearam. A armada, que partira naquele ano com a missão de construir duas fortalezas no litoral do Marrocos — pontas de lança para, mais tarde, realizar-se a conquista do resto do país —, acabou derrotada pelos mouros, provocando imenso prejuízo: cem navios e toda a artilharia pesada destruídos e cerca de quatro mil homens transformados em escravos. Dom Manuel pensou em revidar, mas já não lhe sobrava dinheiro para refazer a tropa. A população mais pobre — sempre ela — sentiu fortemente a crise. Existem centenas de registros de famílias se alimentando apenas com mingau de sementes. Principalmente linhaça, sucesso atual nas dietas politicamente corretas.

Após 26 anos de glorioso reinado — e sem começar a explorar economicamente o Brasil —, dom Manuel morreu em 1521. Deixou o trono para seu filho, dom João III.

Problemas, todos têm. A sorte de dom Manuel, poucos. *El Rey* passou para a História como o fundador do grande império português.

Alcácer-Quibir, a batalha que aumentou o Brasil

Mauricinho, acusam alguns.

Fanático, apontam outros.

Estrategista, defendem-lhe os partidários, argumentando que, se a campanha de dom Sebastião desse certo, *EL Rey* dominaria grande parte das rotas terrestres e marítimas da época.

Mas a História não é escrita no condicional. Dom Sebastião morreu, matou a maior parte de sua nobreza e entregou, de bandeja, a soberania portuguesa à coroa espanhola. Lucro nosso, eliminada a imaginária linha de Tordesilhas, os lusos se espalharam e construíram o Brasil no tamanho que tem hoje.

Dom Sebastião provocou outras transformações. O impacto de sua morte sobre o povo português foi tão grande que ainda existe quem creia em sua volta. A expectativa de seu retorno para libertar o povo, devolver-lhe o país, criou o Sebastianismo, o messianismo luso, grande sonho do milagre que o brasileiro cultiva, engordando a Mega-Sena.

A história pessoal de dom Sebastião revela que não lhe deram muita escolha. Sua mãe, Joana da Espanha, irmã caçula de Filipe II, enviuvou do infante português dom João Manuel duas semanas antes de o filho nascer. Neto de dom João III, Sebastião nasceu herdeiro da coroa e tinha três anos quando o avô morreu. A regência de Portugal coube à viúva, dona Catarina da Áustria, também princesa da Espanha, irmã de Carlos V. Ela e o cunhado, o cardeal-infante dom Henrique — gente finíssima, nas horas vagas divertia-se no cargo de inquisidor-geral; —, responsabilizaram-se, durante dez anos, por Sebastião, o frágil príncipe herdeiro.

Criado pelos jesuítas, dom Sebastião respondeu ao ensinado: enlouqueceu. Tornou-se vaidoso, prepotente, misógino e convencido de sua divindade. Em algum lugar, ele precisava descarregar a energia reprimida: tinha só 14 anos quando o coroaram. Sobrou para os mouros, que levaram a melhor. Em um dia de batalha, desmontaram Portugal e redefiniram a geopolítica mundial.

Tudo consequência dos atos de uma criança, que pegou pela proa um país em crise e com a economia desequilibrada. A sociedade excessivamente consumista prejudicava a balança comercial — ué, a gente já não ouviu esta história? A nobreza esbanjava, as colônias exigiam gastos militares crescentes, funcionários recebiam salários nababescos. Resumindo, tudo exatamente igual aos dias atuais da pátria amada, idolatrada, salve, salve. Só faltava o cartão de crédito corporativo para os fidalgos se esbaldarem.

O menino-rei ignorou a balbúrdia. Doutrinado para valorizar os feitos militares e elevar o santo nome da Igreja Católica, dom Sebastião começou a reinar falando em invadir o Marrocos e acabar com a praga islâmica. Entre 1568 e 1578

— ano em que, finalmente, realizou o seu projeto —, tentou duas vezes. Na primeira, um temporal destruiu a armada pronta para zarpar. Na segunda, acompanhado de poucos fidalgos, desembarcou em Tânger, onde passou algum tempo incógnito, xeretando o inimigo. Quase morreu na volta. Outra tempestade por pouco não afundou a caravela real. Deus tentou avisá-lo, ele não entendeu. Se falasse a "língua" de Afonso Henriques, esta história acabaria diferente.

A oportunidade de, finalmente, dizimar os infiéis *pro mundo benefici* — o sonho de dom Sebastião era, a partir da costa africana, alcançar o Oriente por rotas terrestres —, surgiu quando um sultão turco ocupou o trono do Marrocos. Temendo que este sultão ameaçasse a cristandade, dom Sebastião reuniu a Corte e mandou bala: olha aí, gente boa, vamos invadir o Marrocos.

Não faltou aviso. A nobreza lusa uniu-se contra a decisão insana. O fidalgo Miguel de Noronha alertou ao soberano, apelando à poesia "*o mar é nosso; a areia, dos mouros. Não devemos atacá-los*". O camareiro-mor dom Álvaro da Silva, conde de Porto Alegre, aconselhou dom Sebastião sobre a falta de um herdeiro, concluindo que "*ao tentar nos apossarmos de terras alheias, corremos o risco de perder a nossa*". Belo ponto de partida para a vinda de um filhote, cujo inconveniente era precisar de mãe — ainda não se usava inseminação *in vitro*. Tentaram lhe arrumar noivas: Margarida de Médicis, as arquiduquesas da Áustria, várias nobres menos votadas. Dom Sebastião rejeitou todas, afirmando, deslumbrado, que sua noiva era Portugal. *Cru-zes*...

Não surpreendeu ninguém. Há tempos a nobreza murmurava que o rei não era muito fanático. Fanatismo, nutria somente pela pátria e pela religião. Logo após a sua coroação, dom Sebastião e seus parafusos frouxos decidiram visitar os túmulos de antigos soberanos. Para homenageá-los, mandou exumar Afonso II, Afonso III e dom João II. Deste último, beijou a espada, ainda nas mãos do esqueleto. Nas tumbas de dom Pedro I e dona Inês de Castro passou batido, torcendo o nariz e afirmando, em voz alta, que "*nenhuma mulher é melhor do que o amor à nação*". Depende da hora e do lugar, tentou argumentar um escudeiro, imediatamente transferido para o quinto dos infernos. Espanta como os portugueses, que já haviam evaporado alguns reis de miolo mole, permitiram a continuidade de dom Sebastião. Só dom Fernando de Noronha assomou-se de coragem e insinuou aos pares que a nobreza devia "impedir" o rei. Fizeram ouvidos moucos ao pedido de *impeachment*. E, então, deu no que deu.

Apesar da oposição da elite, dom Sebastião mobilizou o país. Nas missas, as pregações elogiavam a campanha, exortando os portugueses a matar os infiéis. O povo cantava e temia, mas o assunto não variava, só se comentava a invasão do Marrocos. Soldados chegavam de todos os cantos e até do exterior: irlandeses, italianos, holandeses, castelhanos, mercenários no bom e velho estilo Afonso Henriques. A nobreza ia e vinha, esbarrando-se no paço, pois o rei a convocava para discutir minúcias. O Tejo se encheu de barcos ajeitando-se para a guerra. A Coroa passou o chapéu exigindo donativos. Durante semanas engavetou-se a diferença entre cristãos-novos e velhos: todos doaram igual. Filipe II, tio de dom Sebastião e rei da Espanha, tentou convencer o sobrinho da loucura da empreitada — hoje se questiona este excesso de carinho, já que coube a dom Filipe uma generosa herança: Portugal e as colônias.

Não bastasse o frenesi, um cometa bailou em céus portugueses e, durante dois meses, permaneceu visível. Passado o susto inicial, o povão interpretou-o como um sinal divino do sucesso da Cruzada. Dom Sebastião vibrou, pois decifrou o cometa como mensagem de Jesus Cristo, iluminando as tropas e anunciando a vitória.

Para quem almejava a guerra, pecou-se na discrição. O *ti-ti-ti* da península chegou a ouvidos mouros e o rei Abdelmalec resolveu preparar uma senhora recepção: coquetéis variados, inclusive o *molotov*.

Pouco antes da partida, o nobre Luís Távora avisou a dom Sebastião que Abedelmalec, embora manifestasse boa vontade em fazer acordo, conseguira reunir cerca de 110 mil combatentes. Apesar de comandar um contingente com menos da metade de homens, dom Sebastião não se assustou. Argumentou liderar soldados mais capazes — praticamente toda a nobreza lusa — e continuou batendo na tecla da proteção divina.

A batalha aconteceu no dia 4 de agosto de 1578, em Alcácer-Quibir, Marrocos. Nela, houve apenas um herói: Abdelmalec. O chefe mouro, já doente, começou a morrer na véspera do combate. Mesmo agonizante, vestiu a armadura e desfilou entre os soldados para lhes incutir moral. Morreu minutos depois de apear, escondido em sua tenda. Tanto esforço valeu a pena. Os mouros trucidaram o exército de dom Sebastião. No combate, Portugal ficou acéfalo. Além de dom Sebastião, morreu praticamente toda a alta nobreza.

A morte do rei virou lenda, ninguém testemunhou o seu fim. Sabe-se, apenas, que, cercado pelos islâmicos, ele foi ferido sob o braço esquerdo, instante em que outro inimigo lanceou-lhe o cavalo. A pé e a golpes de espada, dom Sebastião tentou abrir caminho. O fidalgo que o acompanhava, dom Jorge Tello, morreu, protegendo-o. Daí para a frente, começam as hipóteses. Histórias não documentadas contam o heroísmo cego de dom Sebastião, lutando já derrotado, recusando-se a entregar as armas. Existem relatos do lado islâmico de que o corpo de dom Sebastião foi transportado para a cidade de Arzila e, lá, jogado aos pés de nobres portugueses aprisionados, que o reconheceram. Estes fidalgos nunca assumiram diante do resto da corte terem visto os restos mortais do soberano, pois, para eles, isto significaria a desonra. O primeiro dever da nobreza era defender seu rei.

O desencontro de informações, a decepção do povo, a esperança de que dom Sebastião ainda vivesse inauguraram o Sebastianismo — releitura lusitana do messianismo judaico: eis que o rei voltará e trará, além da glória, a remissão de seu povo — e uma ferrenha briga de sucessão. A disputa pela coroa sem herdeiros permitiu que, 62 anos depois, o primeiro Bragança subisse ao trono português.

Imediatamente após a derrota de Alcácer-Quibir começou a disputa sucessória. Dom Sebastião não deixara filhos, nem irmãos. A briga rolou entre seus tios e primos. Temporariamente, o regra-três-cardeal-infante-inquisidor-Henrique ocupou o trono. Mas morreu pouco depois, deixando o problema para o poderoso Filipe II, da Espanha, o bastardo dom Antônio, prior do Crato, e dona Catarina, sexta duquesa de Bragança, que, sem o apoio de ninguém, soube armar o bote. Coube a seu neto reinaugurar a soberania lusa.

Exausta de morrer à toa e de pagar resgate pelos coleguinhas detidos em Alcácer-Quibir, a quase desaparecida e fragmentada nobreza portuguesa ofereceu apoio a Filipe. Seguiu-a a burguesia, de olho grande no mercado que a união Espanha e Portugal ofereceria. Claro, a anexação teve um preço. O povo reagiu o quanto pôde e os costumeiros arranca-rabos voltaram a ocorrer. Só dois anos depois Portugal e todas as suas colônias voaram para debaixo da asa da Espanha. Filipe II arrebatara a coroa lusa. Para infinita tristeza dos portugueses de além-mar e completa alegria dos residentes no Brasil, que passaram a ignorar Tordesilhas na maior sem-cerimônia. Afinal, argumentavam, aquele mundo de terras não pertencia à Espanha? Ora, pois, por que não ocupar territórios de *seu* rei?

À procura de ouro, de escravos e fugindo do papa, os bandeirantes aumentaram o espaço das expedições. A Igreja seguiu-lhes os passos, benzendo alminhas ou garantindo combustível para arder nas fogueiras. A Espanha deixou rolar, acreditando que, por muito tempo, manteria controle sobre o vasto e novo quintal. Quando, em 1640, o duque de Bragança, dom João IV, restaurou a monarquia portuguesa, já não havia retorno para o processo de expansão brasileiro. Em menos de um século, os lusos ocuparam o território que lhes era interditado, fazendo nascer mestiços falantes de sua língua e useiros de seus costumes. O Brasil tornara-se uma irrevogável imensidão com caráter português.

O Tratado de Madri, assinado entre Portugal e Espanha em 13 de janeiro de 1750, oficializou o *uti possidetis*. Ou seja, passavam a ser donos da terra aqueles que a haviam colonizado. Enfim, oficializara-se o que brasileiros e portugueses sabiam há mais de um século: o Tratado de Tordesilhas (1494) também morrera em Alcácer-Quibir.

A batalha na África, que dom Sebastião não venceu, foi vencida pelo Brasil. No seu sonho aventureiro de destruir infiéis, o rei atirou no que viu e destruiu o que não viu: a imaginária linha que nos aprisionava em um tamanho que não queríamos ter.

A Inquisição portuguesa

A Inquisição na península Ibérica apresentou uma característica singular: perseguição a cristãos-novos. Em outros países europeus, as vítimas eram judeus ou os praticantes de religiões estranhas ao catolicismo. Além de sodomitas, bruxas e feiticeiras.

Na Península acrescentou-se a esta lista os judaizantes: cristãos-novos acusados de manter secretamente a antiga fé.

Apenas um único ser humano assassinado — seja lá por que razão — é crime intolerável. Em nenhuma hipótese podemos justificar a violência. Argumentar que a Inquisição lusitana foi mais branda do que em outros países é, de alguma maneira, afirmar que as mais de mil pessoas mortas na fogueira, em dois séculos de horror, não importam.

Importam, importavam e sempre importarão. Crime é crime, não interessa em qual escala é cometido.

Mas, apenas sob o enfoque histórico e do ponto de vista estatístico, é verdade que o Santo Ofício português praticou menos violências. Cerca de 10% dos casos levados ao tribunal receberam a pena capital. Média muito inferior ao resto da Europa. Na Holanda, por exemplo, entre 1730 e 1732, 300 heréticos responderam ao Santo Ofício. Vinte e cinco por cento deles terminaram na fogueira.

Oficializada em Portugal em 1536, a santa Inquisição ensaiava soltar as suas garras no território luso desde 1533, ano em que dom João III solicitou-a ao Vaticano. Historiadores ainda discutem os motivos de Portugal chamar, para dentro de suas fronteiras, o movimento fundamentalista católico. Seguramente, não se deveu à dicotomia cristão-velho X cristão-novo. Portugal cultivava tradição pluricultural e, sem dúvida, saberia solucionar o problema do "laranja-religioso" que ele mesmo inventara. Quatro séculos antes, provara a sua competência no assunto ao lidar com os moçárabes e, após a expulsão dos islâmicos, com os mudéjares. Todo mundo pelo avesso. Cristãos se passando por islâmicos, islâmicos se fingindo de cristãos, judeus se comportando igual católicos, católicos representando um catolicismo mais ortodoxo do que o solicitado. A História prova que, em 1536, dom João escondia outros motivos quando se dirigiu ao papa, pedindo socorro contra os "hereges" de seu reino.

Documentos guardados pelo Vaticano revelam que os cristãos-novos sefarditas não esperaram sentados o rei acender as fogueiras. Tão logo souberam de sua intenção, jogaram o peso das fortunas, pressionando o papa. No linguajar moderno, diríamos que os cristãos-novos organizaram um poderoso *lobby*, conseguindo retardar por três anos o sinal positivo da Igreja Católica.

A tradição portuguesa de interagir com outros povos, o *lobby* judaico e registros do Santo Ofício demonstram que a verdadeira razão de a Inquisição decolar rumo a Portugal reside no combalido tesouro luso. Quase falido, dom João III viu no dinheiro das futuras vítimas a salvação da lavoura. E como um bom trabalho de relações públicas nunca é demais, ele ainda aproveitou a ocasião para agradar ao cunhado Carlos V, o mais poderoso rei da época e feroz combatente de qualquer heresia, principalmente a luterana.

Dom João embarcou na dolorosa canoa da Inquisição para resolver problemas pessoais. E, pela falta de luteranos, apontou o dedo acusador em direção aos cristãos-novos. É bastante sintomático que, em todos os processos contra hereges portugueses, só os envolvendo cristãos-novos tenham recebido, na primeira hora, a ordem de confisco de bens.

Inspirada na Bula e Regimento da Inquisição de Castela, a Inquisição portuguesa agiu com eficiência. Espantou os próprios lusos, habituados a serviços públicos um tanto incompetentes. A não tão surpreendente agilidade inquisitorial baseava-se na experiência da Igreja Católica. Chegando tardiamente em Portugal, a Inquisição era uma máquina perfeitamente azeitada, com estrutura sólida, inquisidores bem treinados e uma rotina cumprida com rigorosa exatidão. Frei António de Sousa, no auto de fé lisboeta de 5 de março de 1624, afirmou que "(...) *o Santo Tribunal da Inquisição contra muitos crimes procede e o modo de proceder em todos é o mesmo*".

Além do excelente jogo de palavras, invertendo, em duas sentenças, o sentido do verbo proceder, o que Frei Sousa pretendeu avisar aos interessadíssimos ouvintes à espera do momento de subir ao "queimador" foi que a Inquisição se transformara em uma forte instituição dentro de outra fortíssima instituição: a Igreja. E que, por acumular secular experiência, sabia exatamente como agir. Procedente ou não, a Inquisição, sem tropeçar, tecia há séculos os seus tenebrosos enredos. Instituída em 1231 pelo papa Gregório IX, o tribunal da fé, ao chegar em solo luso, conhecia de cor e salteado o seu doloroso *modus operandi*.

Sob as ordens de um inquisidor-geral, Lisboa, Coimbra e Évora sediaram Tribunais do Santo Ofício. O último afamou-se como o mais violento. O primeiro também controlava as colônias. De Lisboa partiram as Visitações ao Brasil. Entre elas, as de 1591 (Bahia), 1593 (Pernambuco), 1618 (Bahia) e 1762 (Pará).

Nascido no Brasil em 1705, filho de cristãos-novos portugueses, o escritor António José da Silva, *o Judeu*, voltou para Lisboa com oito anos para acompanhar a mãe, indiciada pela Inquisição. *O Judeu* estudava Cânones na Universidade de Coimbra quando, em 1726, a Inquisição o pegou. Libertado, voltou à terra natal, onde, em 1737, agarraram-no novamente. Desta vez, com a mulher e os filhos. Levado para Lisboa, foi julgado, condenado por judaísmo, degolado e queimado. Sua família, libertada, escondeu-se na Holanda. Autor de várias obras que ridicularizam os costumes da época, publicou a mais famosa, *Guerras de alecrim e manjerona*, em 1737, ano de sua prisão definitiva.

António José da Silva engrossa a estatística dos assassinados. Casos menos tristes, mas também violentos, atormentaram milhares de pessoas aquém e além-mar. A pena mais comum da Inquisição portuguesa era o degredo e uso do *sambenito*, traje que igualava o seu portador aos doentes de lepra. Na época, terrível moléstia incurável. Temendo o contágio, ninguém se aproximava dos portadores do mal.

Antes de vestir o humilhante uniforme, a vítima passava pelo vexame da execração pública e se descobria na mais absoluta miséria. Afinal, argumentava o clero, para que um cristão-novo, judaizante perverso, precisava de dinheiro? Desvanecido, dom João III escondia o lucro no bolso, agradecia e dividia o apurado com os padres. Atualmente, de certa forma, voltamos a assistir este apavorante enredo. Quando qualquer fé ortodoxa sobrepõe-se a um estado laico, os monstruosos resultados aterrorizam o mundo. Mas as pessoas não aprendem. Século após século insistem nos mesmos erros com teimosia relinchante.

As Ordenações Filipinas e Manuelinas permitiam o uso da tortura, facilitando o trabalho dos inquisidores franciscanos e dominicanos. Todo o movimento inquisitorial apoiava-se em preceitos de fé. Parece incoerente — e é. Mas a Inquisição proclamava a justiça, o amor a Deus, a clemência e o perdão. Motivos pelos quais médicos e padres, não envolvidos diretamente com os interrogatórios, assistiam às torturas. Aos primeiros cabia julgar se o infeliz podia, ou não, continuar sofrendo sem risco de vida. Aos segundos, proporcionar "paz" espiritual. Após a condenação, encaminhava-se o herege às autoridades civis para a justiça cumprir-se sem a Igreja sujar as mãos. Mas Igreja e Estado sobreviviam tão unidos que não é possível determinar onde começava a culpa de um e terminava a do outro. Igualzinho a hoje em dia. Modificaram, apenas, o nome do deus e as estratégias de assalto.

Espantosamente agressiva, a Inquisição é difícil de resumir. Alimentou-se de conflitos internos, surgiu por múltiplas causas, provocou consequências terríveis, mas ainda nebulosas. Em meados do século XVIII, o último herege subiu ao "queimador" de Lisboa. Tempo histórico pequeno, dificulta a análise desprovida de emoção.

Dom João III mudou a trajetória de seu povo. Diante de tanta violência — mais de dois séculos de medo e perseguição —, o português se transformou em polícia de si mesmo. Acentuou sua intolerância, aprendeu a valorizar a denúncia e a aceitar a censura. Porém, os estudiosos que, na última metade do século XX, se debruçaram sobre a Inquisição lusa levantaram a hipótese de o movimento ter, também, reforçado a tendência ao sincretismo que o povo, milenarmente, apresentava.

Assistindo aos dramáticos autos de fé — cerimônias que beiravam a demência, tantos os suplícios impostos aos condenados —, o português teria reforçado o seu aprendizado de escamotear. Ao contrário do que esperavam os franciscanos e dominicanos (apelidados pelo povo de *Dominis cannis*, cães de Deus), o movimento inquisitório d'além-mar provavelmente reforçou nos colonizadores a capacidade de conviver com outras religiões. Mesmo que de má vontade.

Dom João III não poderia dar passo pior: preocupado com as finanças, pensou a curto prazo. A decadência portuguesa acentuou-se quando as fogueiras surgiram. Em Portugal, como na Espanha, os judeus escaparam, levando com eles o capital que movimentava o país. A Holanda os acolheu: o pequeno país ficou poderoso. Ainda hoje é riquíssimo.

Novamente, o Brasil pareceu um porto seguro. Desde o descobrimento, cristãos-novos se estabeleceram aqui. O *pogrom* de 1506 deu o empurrão final. Não é verdade que os cristãos-novos assinavam, apenas, nomes de plantas e animais. Faz parte do registro da entrada no Brasil sobrenomes que a gente nem desconfia esconderem ascendência sefardita: Mendes Caldeira — aliás, parte dela presa pela inquisição —, Quaresma, Rodrigues, Penteado, Camacho, Gonçalves,

Serrão, Quadros, Moura, Cardoso, Tavares, Gomes, Gaspar Gomes, Leme, Bravo, Nunes, Seixas, Seixas Rabelo, Barreto, Viana, Vale, Valle, Lucena, Mariz, Sampaio — vários Sampaio foram presos, no Rio de Janeiro, na visitação do começo do século XVIII, os processos desta família são os de número 5724, 1340 e 8690 —, Mello, Melo, Morais, Pedrosa, Silva, Araújo, Silva Araújo, Teixeira, Brandão, Soares, Andrade, Dinis, Montarroio, Vaz, Nóbrega... vai por aí afora.

Quase um catálogo telefônico. A lista é infindável e pode ser consultada no livro *Os cristãos-novos, povoamento e conquista do solo brasileiro*, de José Gonçalves Salvador, publicado pela Editora Universidade de São Paulo em 1976.

Em tempo: Salvador é nome cristão-novo e São Paulo, um centurião romano pagão. Nascesse um pouco mais tarde, correria o risco de acabar na fogueira.

Restauração. Enfim, um Bragança

Sob o domínio espanhol, Portugal pouco mudou. As elites apoiaram as pretensões de Filipe II e tocaram a vida em frente, amealhando os seus lucros. Os intelectuais reclamaram, mas reclamaram de vício. Um ou outro estrebuchou, nada de muito importante. Coube ao povo a desvalia. Sentido com a afronta, ele ficou mais nostálgico. E calou-se, como sempre. O povo nasce sabendo o risco de reclamar.

A bem da verdade, o estatuto político estabelecido pela corte de Tomar — quando Filipe II, com o título de Filipe I, recebeu a coroa portuguesa — tentou manter a individualidade lusa. Filipe II comprometeu-se a respeitar os usos e costumes da extinta casa real. O comércio com as Índias continuaria em mãos portuguesas, a moeda continuaria a mesma e — suprema glória — assuntos portugueses seriam despachados em língua portuguesa. Consolo aos orgulhos feridos. Afinal, se a nacionalidade fora para o brejo, sua representação preservara-se. Como sabemos, mais valem palavras do que atos. Salvou-se a honra nacional.

Justiça seja feita, a vida melhorou. Portugal acomodou-se em longa calmaria. Finanças organizadas, nobres regiamente remunerados no bem-sucedido ócio, burgueses pescando excessivos lucros nos mercados do império que abrangia o mundo inteiro. Perfeito, se o desagradável povão não estivesse com a língua de fora. Sempre o povão, incurável na mania de atrapalhar os ricos.

Parte dos camponeses se escafedeu para o Brasil ou para a Espanha. Quem ficou, penou com os donos das terras, que passaram a lhes exigir mais dinheiro pelo direito de trabalhá-la. Ora, ora, quem podia imaginar. O milho, recém-chegado da América, virou a salvação da lavoura. Muitos lavradores sobreviveram de seu plantio. Alguns até compraram carrocinhas de pipoca e se mudaram para Lisboa, tornando-se respeitados empresários. Os donos das atuais cadeias de salas de exibição brasileiras são descendentes destes pipoqueiros quinhentistas, *businessmen* com extraordinária visão empresarial.

O bom dura pouco. Após mais dois Filipes, as jazidas de prata do Peru e da Bolívia se esgotaram. Sem grana, o bicho pegou. Quando Filipe IV subiu ao trono, Portugal já sentia a crise espanhola. Enquanto o descompasso atingia as colônias de língua hispânica, os portugueses resignaram-se às sombras. Na hora em que os holandeses desembarcaram na Bahia, então capital brasileira, Portugal reclamou.

Juntos, portugueses e espanhóis expulsaram o invasor. Falando claramente, ninguém expulsou ninguém, os holandeses apenas mudaram de pouso. Abandonaram os acarajés baianos e caíram de boca no feijão-de-corda pernambucano. Holandês não é de fritar bolinho, os que invadiram o Brasil deram a maior mão de obra. Em cinco anos apresaram 500 navios portugueses com toda a carga. Pronto, mexeram no bolso luso, logo eles inventaram de reclamar o trono. Enquanto o dinheiro rolava, as coroas unidas jamais foram vencidas. Mas, ao pintar prejuízo, cada qual tratou de salvar o seu pedaço.

Na intenção de despachar a Espanha de seu galinheiro aliou-se, em Portugal, quem realmente mandava: a burguesia. Comerciantes e armadores lusos fecharam seus cofres, promovendo trapalhadas nos acordos diplomáticos que, convenhamos, alguém precisava pagar.

O povo, até então calado e sofrido, encostou-se nos burgueses e gritou o seu protesto. Depois de alguns tumultos em Lisboa e no Porto, soou o gongo para a luta principal. Os nobres tentaram uma conciliação, mas a plebe bateu pé. A nobreza aliara-se à Espanha e, portanto — como diriam os irmãos lusos —, não merecia confiança. O conflito, iniciado em Évora, espalhou-se pelo país. Até o palácio do duque de Bragança, que ainda não sabia que seria rei, acabou apedrejado. "(...) *ao furioso movimento do povo, chamam os historiadores bestas-feras* (...)" Relato de época, primor de sinceridade. Besta-fera é a quintessência do politicamente incorreto definindo um movimento popular. Mas os espanhóis concordavam. Tão logo os arruaceiros voltaram às suas casas, o exército vizinho entrou e enforcou os líderes da revolta. Bestas e feras, onde já se viu, mereciam tal castigo...

A França meteu o bedelho, tentando se aproveitar da discordância entre as duas coroas. A Espanha, quando soube da ingerência do cardeal Richelieu, deu marcha a ré no acordo assinado pelo então Filipe II e declarou que, agora, gente fina, a península Ibérica é uma coisa só. Sem esta de língua portuguesa, moeda nacional, uma trapalhada de câmbio. A metrópole é Madri e é a Madri que a portuguesada — nobreza, clero, burguesia e povo — deve tratar de obedecer. Dito isto, despachou nobres espanhóis para cargos-chave em terras lusas.

Um deus nos acuda. Brincar de unidade política é uma coisa. Assumi-la inteiramente, outra. O caldo ferveu. Portugueses, passeando em Barcelona para celebrar o *Corpus Christi*, aproveitaram a ocasião para queimar prédios públicos e, de quebra, degolar o governador. Imaginem se não fosse uma festa cristã, de que seriam capazes estes homens. Graças a Deus, a religião põe um freio na irracionalidade humana.

Após o referido evento de fé, a *restauração* da monarquia lusa custou, apenas, mais poucas gargantas cortadas. Coisa simples, sem pompa, bem ao estilo revista *Caras*, como é nosso feitio. Para começar, empurraram a gentinha para fora do ringue, pois ela, como se sabe, não cultiva elegâncias, vai logo cuspindo asneiras ou armando algo pior. Imaginem, separar duas coroas é tarefa para nobres, com burgueses sustentando-os.

Assim, elegantemente, o *top team* português começou a tramar para *restaurar* a monarquia lusa. Discute daqui, discute de lá, voltaram à linha sucessória de dom Sebastião, que, apesar de morto, ainda não voltara da África (ver *Alcácer-Quibir*).

Excluídos os Filipes, pois representavam a Espanha, fechou-se acordo em torno do nome de dom João, neto de dona Catarina. Um Bragança. Sua avó, filha do infante dom Duarte, neta do rei dom Manuel I, usara o título de infanta de Portugal e duquesa de Bragança. Seu avô materno fora o quarto duque de Bragança e ela se casara com um primo, dom João, o sexto duque de Bragança. Custou uma trabalheira convencer o neto João a abandonar seu canteiro, sua *roça*, na Vila Viçosa, para aguentar os trancos da coroa. O homem, pacifista, bem-visto pelos espanhóis, recebera pouco antes um convite para ser Governador Militar de Portugal. Ou seja, até a sua lealdade é questionável. Mas quando o bicho pegou e dom João descobriu que, entre reinar meio contra a vontade ou ver proclamada a república, ele preferia a primeira opção, entrou correndo no barco dos restauradores.

O sequestro da coroa fez-se discretamente. No dia 1º de dezembro de 1640, fidalgos adentraram o palácio real, mataram o secretário de estado Miguel de Vasconcelos — degolado, naturalmente — e obrigaram a vice-rainha, duquesa de Mântua, a assinar um decreto obrigando as guarnições militares a se render. Tudo correu conforme o previsto. Às dez horas da manhã, concluído o golpe com sucesso, o distinto público foi informado da novidade pelos sites de notícias porque, naquele tempo, a televisão já não conseguia acompanhar a agilidade da internet...

Festa em Lisboa, todo o país delirou. Estudantes se prepararam para a guerra que não houve — não àquela hora, só algum tempo depois. Mas, aí, dom João já subira ao trono e os portugueses, inflando o peito de orgulho nacional, encararam a luta.

Dom João IV, primeiro Bragança a usar a coroa, foi entronizado no dia 15 de dezembro de 1640, encerrando o jugo espanhol. Usar a coroa, em termos. Como sabemos, ele não a colocou sobre a cabeça, privilégio exclusivo de Nossa Senhora. Na opinião dele, a responsável pelo milagre da Restauração. Ninguém, em imponência, poderia ombreá-la, promessa do novo rei, que incluía os seus descendentes.

A cerimônia de entronização de dom João IV ocorreu *comme il faut*, com todos os luxos e pompas previstos no protocolo. Mas o soberano começou decepcionando. Tão logo se viu no poder, reafirmou no cargo a administração ligada ao período anterior. O impacto da novidade transformou-se em nova tentativa de golpe. Ah, a natureza humana. Em dois tempos nosso pacifista mostrou que, defendendo interesse próprio, não há convicção que resista. O bucólico agricultor de um canteirinho de couves usou as prerrogativas reais e desceu o cacete. Mandou executar todos os golpistas, entre eles representantes da velha e respeitada fidalguia: o marquês de Vila Real e o duque de Caminha. Enterrados os encrenqueiros, dom João IV convocou as Cortes, cumprindo o de praxe. Oficialmente, previu nova guerra com a Espanha, conseguindo aprovar o mais alto orçamento destinado a um exército português. No ano seguinte, pressionado pela necessidade, aumentou ainda mais o valor para as forças armadas.

Ninguém reclamou. O mesmo povo que ficara calado quando Portugal perdeu a sua soberania esfalfou-se em sacrifícios para recuperá-la. O Brasil aplaudiu. Enquanto Espanha e Portugal guerreassem, sempre existiria a chance de empurrar as fronteiras um pouco mais para oeste. Naquela altura, ninguém lembrava do Tratado de Tordesilhas. Durante os 60 anos de domínio espanhol, o Brasil expandiu suas fronteiras até onde pôde ou quis.

Os Bragança ainda não nascidos começaram a apron-tar as *toilletes*. Afinal, soprou-lhes o anjo da guarda, muito breve eles nasceriam destinados a reinar sobre um conti-nente.

Bê-á-bá dos tratados econômicos

Artigo primeiro: qualquer tratado econômico tem alguém que paga o pato.

Artigo segundo: sob os panos, nos tratados econômicos há motivações políticas.

Artigo terceiro: qualquer tratado econômico sofre de corrupção.

Ficam revogadas as disposições em contrário.

O tratado de Methuen, assinado entre a Inglaterra e Portugal em 7 de dezembro de 1703, também tinha três artigos. Pequenos e claros, joias de objetividade. No primeiro, Portugal *se obrigava para sempre* a comprar tecidos das manufaturas inglesas. No segundo, a Inglaterra *prometia* comprar vinhos portugueses, podendo parar de fazê-lo caso lhe apetecesse. O terceiro selava o acordo onde, trocando em miúdos, Portugal prendeu o rabo. Custou para desprender.

Assim nossos economistas aprenderam a negociar as pendengas econômicas. Sem antes preocupar-se com o bem-estar do outro, nada de jamegão. Somos povo caridoso. Se parceiros econômicos não se atolarem em vantagens, para que assinar tratados?

Methuen passou à História como a condenação da indústria portuguesa. A incipiente produção têxtil por pouco não faleceu. Mas a indústria britânica, esta se agigantou. O luso da arraia-miúda passou a se agasalhar com produtos de segunda, produzidos toscamente em Covilha e Portoalegre. Os nobres se enfarpelaram em tecidos delicados, sarja inglesa de primeira, à oferta, sempre cara, no comércio de Lisboa.

O inglês também lucrou transportando as mercadorias. O navio que trazia os panos da Inglaterra retornava abarrotado com tonéis de vinho do Porto. Detalhe importante: bastou um piscar de olhos e o comércio deste vinho concentrou-se em mãos britânicas. O tonel comprado em Portugal por cerca de dez cruzados arribava à Inglaterra valendo setenta. Também os atravessadores falavam idioma inglês. Enfim, fez a festa quem queria, ou podia. Entre os convidados do baile destacaram-se John Methuen, enviado da Inglaterra, e o marquês do Alegrete, representante português e acusado, mais tarde, de suborno.

Nobre, coitado, mas pobre — uma tristeza, na vida, não degustar caviar. O indigitado marquês, mal assinou o tratado, permitiu-se a extravagância de comprar um palacete para onde se mudou. Outros braços menos chiques nadaram no mar de lama do Tratado de Methuen. As filhas do Secretário de Estado português ganharam joias no valor de 216 mil cruzados. O padre Sebastião de Magalhães, amigo de John Methuen e capaz de ajudá-lo a empurrar o acordo goela abaixo dos portugueses, recebeu 50 mil cruzados. As contas que John Methuen apresentou ao parlamento britânico revelam que o tratado custou, somente em "cortesias", 44 mil moedas de ouro. Além das joias.

É hora de conhecer este inglês malabarista, o esperto John Methuen. Antigo embaixador da Inglaterra em Lisboa, ele, para agradar, aportuguesou o seu nome. De John Methwen, com W, passou a João Methuen. A corte lisboeta adorou. Chamava-o de dom João Methuen, um alfacinha. No Brasil, tem outro nome.

Na época, os economistas engatinhavam. Mas, em ambos os lados, quem lidava com finanças espinafrou o tratado. Setenta anos mais tarde, Adam Smith, autor de *A riqueza das nações* e pai da ciência econômica, classificou o Tratado de Methuen de "*desfavorável à Inglaterra*" — *very british*, ele apenas defendia um novo acordo com a França, que Methuen emperrava. O alemão Sombart defendeu Portugal: "*Methuen é uma obra-prima da hipócrita trapaçaria*". Em 1703, dom Luís da Cunha, embaixador português em Londres, expressou-se claramente: "*o que eles querem é adiantar suas manufaturas e arruinar as que começam em Portugal*". Óbvio.

Methuen oficializou a catástrofe da balança comercial lusitana. Só em 1780, 77 anos depois, Portugal conseguiu vender à Inglaterra 42 mil libras a mais do que comprara. Superávit merreca para quem, em 1761, amargara um déficit de 1.061.049 libras, pagas em moedas de ouro. É por isto que se diz que o ouro brasileiro alimentou a indústria inglesa. Ele passava em Lisboa, dava adeusinho e embarcava correndo rumo ao tesouro britânico. Dívida externa, céus, a dívida externa...

Com tempestade na indústria, Portugal tentou amenizar o prejuízo acarinhando a lavoura. A produção e exportação de algodão e arroz cresceram. O comércio com as colônias recebeu tratamento especial. Nada que compensasse o desacerto do Tratado.

Como convém a acordos econômicos que se prezem — ou não —, o de Methuen foi assinado em ambiente político conturbado. Em 1700, o rei espanhol Carlos II morreu sem deixar herdeiros. Suas irmãs entraram na disputa sucessória. Uma, casada com o rei Leopoldo I, do Reino Alemão, empurrou seu filho, o arquiduque Carlos, para o trono espanhol. A outra, mulher de Luís XIV, da França, pleiteou o lugar para o neto mais querido. Venceu a rainha francesa, em termos. Em seu testamento, Carlos II indicara para sucessor o sobrinho-neto francês, duque Felipe D'Anjou. De matar: duque francês, neto de rei e desfilando este nome; tem mais é que ir para o trono, como diria o Chacrinha. Portugal pensou o mesmo. Imediatamente, apoiou as pretensões de Felipe D'Anjou.

Mas a Inglaterra, a Holanda e a Alemanha queriam coroar o arquiduque Carlos. Suspense, Portugal subiu no telhado. Escorregou ao mudar de opinião e enviar tropas a Madri para garantir a coroação do arquiduque alemão. Invadiu, coroou e se estrepou.

A desculpa para tal atitude, tirar apoio político, trocar alhos por bugalhos, foi o medo de perder a proteção dos navios ingleses que comboiavam as esquadras portuguesas provenientes do Brasil. Pode ser. Mas, a despeito dos navios ingleses paparicando as naus lusas, corsários franceses continuaram roubando o ouro brasileiro.

Então, Portugal caiu do telhado. Para agradar a Inglaterra, assinou Methuen e quase morreu.

Em 1842, o Tratado de Methuen foi revogado. Mas, aparentemente, ele fez escola. Vira e mexe nossos economistas inventam um Methuen embrulhado para presente. Lá vamos nós, encolhidos, sem salário e sem emprego, nos cobrir de panos grossos para o mais rico enricar.

Quem não aprende a lição, destina-se a repeti-la.

O pombal dos jesuítas

Sebastião José Carvalho e Melo, o marquês de Pombal, primeiro-ministro de dom José I, brigou com Portugal inteiro. Não perdeu um *round*. Nobreza, clero e povo, todos provaram o gosto do poder absoluto que o rei lhe concedeu. Durante 27 anos, Pombal governou o país com mão de ferro. Virou-o de cabeça para baixo. Abusou de sua força, mas vislumbrou o futuro.

Valeu a boa intenção, embora os seus tristes métodos o desmereçam, um tanto. Não é, digamos, gentil destruir inimigos sob torturas intensas. Atitude incomplacente. Esta e algumas outras entortaram a história de um grande estadista.

O duque de Aveiro, o mais importante na hierarquia lusa, morreu a marteladas. Cometera crime grave, tentara matar o rei. Nem por isto merecia padecer tanto suplício. Mas Pombal não conversou, determinou à Justiça algum castigo implacável. Os juízes nem discutiram, não estavam dispostos a deixar os seus na reta. Inventaram a punição, requinte de caridade: com a ajuda de um martelo quebraram as pernas e os braços do duque e de seus aliados, fina flor da fidalguia. Depois, atearam-lhes fogo. Graças a Deus, escapamos. Em 1758, o Brasil, quase gente, desdenhou esta barbárie.

No vácuo da confusão, sobrou para os jesuítas, igualmente acusados de participar do complô. Palmas para Pombal, conseguiu o impossível. Peitou a Igreja Católica, imprensou-a e ganhou — isto, ainda rolando o horror da Inquisição. O homem merece respeito, coragem não lhe faltava.

Milagre, dizem alguns. Força moral, acham outros. O fato é que Pombal ousou extinguir a Ordem de Ignácio de Loyola e expulsá-la do Reino — por extensão, das colônias —, confiscando-lhe os bens.

Brigar com os jesuítas não era coisa pequena. Através dos confessionários, estes padres controlavam uma área poderosa: a família real e a nobreza *martelada*. Confiantes em tal trunfo, tentaram enfrentar o marquês, com apoio do Vaticano. Parece coisa de doido, mas Pombal recrudesceu. Mandou avisar ao papa que invadiria São Pedro, tocaria tropas lusas dentro do Estado santo. Quando, meu Deus do céu, alguém já ousara tanto?

O vai e vem diplomático — e a publicação de um livro, *Dedução cronológica*, artimanha de Pombal, apontando, nas minúcias, os malefícios da Ordem — acabou com a discussão. Em 1773, depois de humildemente submeter ao primeiro-ministro português o documento que redigira, o papa Clemente XIV extinguiu a Companhia de Jesus. Pombal não se satisfez e ainda pediu troco. Expulsou de Portugal o núncio apostólico, prendeu o inquisidor-geral — além de cardeal, um infante, filho bastardo de dom João V — e, anos mais tarde, encerrou o papo de cristãos-velhos e novos. Em Portugal, voltou-se a ser cristão ou não. Ponto final. Revogou-se o direito de torrar a vida alheia.

Claro, Pombal fez mais. Aliás, Pombal fez tudo. Inclusive revolucionou o ensino português, até então uma lástima. Mas ao Brasil interessa, além do *affair* jesuíta, dois importantes fatos. Primeiro: devemos a Pombal a imensidão de nosso território. Segundo: foi ele, com a severa política de controlar o contrabando de ouro, quem fortaleceu um dos mais dramáticos momentos de nossa História: a Conjuração Mineira. Permitam-me um comentário: chamamos o mais nobre movimento pela nossa independência como o chamaram os lusos: inconfidência, que significa traição. A turma de Tiradentes nunca traiu o Brasil, muito pelo contrário. Tentou trair Portugal, planejando a nossa liberdade. Defendo a revisão do nome. Por favor, adotemos o certo: Conjuração Mineira. Movimento de brasileiros, a favor do Brasil.

Após pausa para meditação, explico melhor como Pombal ajudou a garantir a nossa integridade territorial. Quando dom José pegou a sua coroa e a transformou em *baguette*, Portugal ainda desfazia as novidades implantadas pela Espanha em suas colônias, recuperadas após a Restauração. Uma destas novidades — motivo de a América espanhola fragmentar-se em tantos pequenos países — era a divisão dos territórios de acordo com suas possibilidades econômicas (e para controlá-los melhor, claro). No Brasil, a Espanha não agiu diferente. Tão logo se viu dona deste mundão de terras, criou dois governos-gerais independentes: o do Grão-Pará e o do Maranhão. Pronto, os oito milhões de quilômetros quadrados, dos quais tanto nos orgulhamos, foram para o brejo. Ao assumir o poder, Pombal dissolveu numa penada os governos-gerais, devolvendo-nos ao tamanho original. Só por isto, um retumbante viva a Pombal. Mas ele não ficou por aí. Acabou com as capitanias hereditárias brasileiras, entregando-as à tutela do Estado, organizou uma companhia de comércio para colocar ordem no galinheiro,pois isto andava uma zona, roubava-se uma loucura — bem, mudou pouco —, transferiu a capital brasileira da Bahia para o Rio de Janeiro *and at last, but not at least*, oficializou a Derrama. Ou seja, cobrança de impostos atrasados sobre a produção do ouro. Neste momento, Pombal forneceu munição para a Conjuração Mineira. Queiramos ou não, o autoritário e todo-poderoso Pombal desempenhou um papel de capital importância na História brasileira. Sem ele, o Brasil não desfilaria seu tamanho continental e não existiria o feriado de 21 de abril, dia em que enforcaram Tiradentes. Como sabemos, volta e meia, 21 de abril cai numa terça ou quinta-feira, trazendo a reboque um belo feriadão. Não é pouca coisa, convenhamos.

O invencível marquês, inimigo ferrenho do Tratado de Methuen, também nos fez um belo favor ao conceder férias coletivas aos jesuítas que salvavam as alminhas brasileiras. A bem da verdade, existe discórdia sobre o papel desses padres na colonização brasileira. Alguns historiadores afirmam que, ferozmente, os padres defenderam os índios da pretensão portuguesa de os escravizar. Outros, porém, acreditam que, por debaixo dos panos, os jesuítas amansavam os "bestiais" e os repassavam aos lusos. Provavelmente, ocorreram os dois casos: genuína intenção na conversão do *gentio* e intermediação de mão de obra escrava. Nada é tão linear, ou se é santo ou não é. A humanidade tem riscos. E os jesuítas também eram gente. Incrível, não?

É certo que os padres da Companhia de Jesus foram os primeiros a aprender as línguas índias — principalmente, o guarani. Suavizava-lhes a catequese e, posteriormente, o trabalho do colonizador. Falar o mesmo idioma facilita a oração e o cumprimento de ordens. Em contrapartida, emprenharam ouvidos selvagens com a língua portuguesa. Índios bilíngues, o máximo. Mas alguns indígenas sobressaíram-se e acabaram falando latim — Meu Deus, não existia uma ONG para registrar tamanha maravilha!

O poeta Augusto dos Anjos não se referia à atuação jesuítica no Brasil quando escreveu o poema *Versos íntimos*. Mas resumiu direitinho a situação: "(...) *o homem, que, nesta terra miserável, mora entre feras, sente inevitável necessidade de também ser fera.*" Não que os índios fossem feras, coitadinhos. Mas a verdade é que foi preciso uma bula papal para o branco europeu começar a enxergá-los como gente. Sem o devido respeito.

Não informaram aos índios sobre o rebuliço em torno deles: papa, bula, rei, Pombal. Deixaram a coisa rolar e, por falta de opção, os nativos se apegaram aos primeiros representantes da Igreja Católica. Os padres da Companhia de Jesus inventaram as reduções, espécie de socialismo *avant la lettre*. Quem pensa que o amor e uma cabana não dão certo, acertou. Não dão mesmo. Para segurar os "selvagens" nas reduções, os jesuítas precisaram incrementar a proposta inicial: praça, igreja, a tal cabana e horários rigorosos de estudar, orar e cuidar da horta coletiva.

Realmente, um programa de índio. Os próprios fizeram bem em reclamar, exigindo seus direitos. Logo as reduções se sofisticaram: oficinas artesanais, hospital, colégio, cabeleireiro, salão de ginástica, cemitério e piscina olímpica. Claro, a Metrópole, quando viu, anexou ao organograma um coletor de impostos — sabe-se lá se o petróleo aflora à terra e aluviões de ouro começam a desencantar?

Os índios ignoraram o coletor e aplaudiram o progresso. Tornaram-se bons nadadores, bons católicos, bons explorados. Inclusive ajudaram os jesuítas a escrever várias obras na língua guarani, principal da família linguística tupi-guarani e que engloba mais sete idiomas. Pelo excesso de produção literária, nossos índios deviam cultivar pendores intelectuais. Ou, então, os jesuítas andavam desocupados.

O primeiro *Vocabulário da língua brasílica*, guarani/português, foi escrito pelo jesuíta Leonardo do Vale, cristão-novo arretado em linguística e teologia. Não se sabe se por jesuíta, ou se por cristão-novo, Vale viveu quarenta anos no Brasil. Encerrou o expediente lecionando no colégio jesuíta da Bahia.

Enquanto trabalhavam e escreviam — ora, ora, quem diria —, os índios aprenderam a cantar, decoraram a missa toda e, à custa de ladainhas tornaram-se sofisticados latinistas. Assim, em 1574, nasceu outra surpresa. Desta vez, a *Doutrina geral da língua no Brasil*, um dicionário tupi/português. Chiquérrimo. Começávamos a revelar nossa alma poliglota, que explodiu nos funks já, de fato, outro idioma. Conversa para depois.

O casamento índios & jesuítas funcionava em normalidade, com os eventuais arranca-rabos concernentes a casamentos. Índios fugiam, padres cediam à tentação do lucro fácil, jesuítas e índios brigavam com portugueses ou entre si. Ninguém vive vida fácil, nem mesmo um jesuíta tocaiado em redução.

José de Anchieta prodigalizou-se em escritos nas línguas tupi e guarani. Criando o *Poema à Virgem Maria*, ele cometeu a inconsequência de escrever à beira do mar. A onda lavou as palavras. Poético, mas inútil. Este trabalho fixou a imagem de Anchieta. Quando querem retratá-lo, colocam-no de vareta na mão, rabiscando a areia molhada. A tradição jesuítica lamenta informar não haver edições impressas da obra de Anchieta. Sobram, apenas, pedaços manuscritos de um catecismo, *Diálogo da doutrina cristã*, e do *Confessionário brasílico* contendo sermões, poesias e cantigas.

Tanto trabalho, tanto índio sossegado, acabou chamando a atenção de Lisboa. Em 1618, o padre António de Araújo, "reputado tupinólogo" — sério, as palavras são estas, ao que parece as editoras já contavam com assessoria de imprensa —, lançou o *Catecismo na língua brasílica*. Ao livro de António Araujo seguiu-se o *Catecismo da doutrina cristã na língua brasílica da nação kiriri*. Seu autor, o também jesuíta Luís Vivêncio Mamiani, aproveitou o embalo e, no ano seguinte, surpreendeu Lisboa com a *Gramática* da mesma língua. Este fato é importante. Prova que, em 1698, os jesuítas já haviam ampliado sua área de ação. Expandiram-se das tribos tupis-guaranis em direção às tapuias. Ou seja, mais convertidos, mais braços para o trabalho. Os índios selvagens irritavam, esmeravam em teimosia. Definitivamente, recusaram-se a cooperar com o português. Volta e meia, inclusive, criavam complicações: morte, guerra, escravidões. Para que tanta sandice se podiam entregar-se, comportar-se direitinho, ir morar nas reduções?

Com apenas mais um pouco do esforço jesuítico, os índios alcançariam uma indicação ao Nobel, tal o pendor literário que os padres lhes impuseram. Pombal lhes cortou o barato, mas garantiu nosso território. Saímos ganhando.

Antes de encerrar o assunto, vale recordar António Vieira. Jesuíta, brasileiro, teólogo, poliglota de estirpe e escritor fulgurante. Considerando o tempo em que viveu e escreveu, seu único defeito morava na ascendência: Vieira era cristão-novo. A Inquisição o pegou, jogou-lhe um processo em cima, por pouco não o queimou. É natural que, assustado, Vieira se escondesse em Roma, onde, aliás, tornou-se amigo da rainha Cristina, recém-convertida ao catolicismo e também exilada em Roma.

Os linguistas que destrinchem. Mas quem sabe Vieira tornou-se gongórico por causa da Inquisição? Reforçando as imagens, exagerando o estilo, talvez transmitisse, inquestionavelmente, sua fé inabalável nos santos preceitos católicos — poderia pensar ele, não sabemos se pensou.

Espalhada pelo Brasil — os jesuítas também se esbaldaram após Alcácer-Quibir —, a Companhia de Jesus chegou, no final do século XVI, início do XVII, ao interior do Rio Grande do Sul. O trabalho missionário gaúcho concentrou-se nos Sete Povos das Missões, espalhados nas atuais cidades de Santo Angelo, São Borja, São João, São Lourenço, São Luís Gonzaga, São Miguel e São Nicolau. Mas, quando estourou a bomba de Pombal, estas missões já tropeçavam nas pernas. O Tratado de Madri empurrara os índios para a margem ocidental do rio Uruguai e eles se revoltaram. Redução? Tudo bem. Escravos? Nem mortos. Liderados pelo jesuíta Lourenço Valca, os índios batalharam com espanhóis e portugueses, levando uma corrida. De modo que, nos Sete Povos das Missões, a dissolução da Companhia de Jesus pouco afetou padres e índios. Ambos, detonados pelo Tratado de Madri e pelas guerras guaraníticas, já haviam debandado.

Na verdade, quando a decisão de Pombal desembarcou na colônia, instalou-se a confusão. Catequizados e catequizadores transformaram-se em *homeless*. Uma tragédia. Os jesuítas voltaram para a Europa. Lá trataram de rezar sob as asas de outras ordens.

Os índios tornaram-se presas fáceis, embora o próprio Pombal, em decreto, reconhecesse as suas liberdades individuais. Mas o oceano no meio, sabe como é, o decreto não vingou, como tantos no Brasil. Além do mais, nesta terra, gente pobre, sem dinheiro, lá tem liberdade individual? Desde sempre foi assim.

A reabilitação da Companhia de Jesus aconteceu em 1814.

O Brasil continua enorme.

A Conjuração cresceu, exigiu intervenção estatal. A maioria dos líderes, filhinhos de papai ricos, foram degredados para a África. Só enforcaram Tiradentes, no dia 21 de abril. Feriado nacional. Em 2009, 21 de abril caiu na terça-feira. Em 2011 será numa quinta. Oba, feriadão....

Sebastião José Carvalho e Melo, fidalgo e primeiro-ministro de dom José I, conde de Oeiras e Marquês de Pombal, o homem que garantiu o tamanho do Brasil e venceu a Igreja Católica durante a Inquisição, que enfrentou a nobreza — incluindo a rainha dona Maria I, que o odiava —, morreu só e abandonado em Pombal, sua propriedade, no dia 8 de maio de 1782.

Os índios continuam por aí. Alguns em imensas reservas nas fronteiras brasileiras, fato que rende infindáveis discussões.

Não sei, não. Acho tais reservas uma temeridade.

Carlota Joaquina, infanta de Espanha

Numa época em que princesinhas bonitinhas esperavam os cavalheiros, todos de chapéu na mão, Carlota Joaquina Teresa Caetana de Bourbon e Bourbon nasceu feia, inteligente, voluntariosa, corajosa e ambiciosa. Características imperdoáveis em uma mulher. Claro, por onde andou, a infanta espanhola colecionou desafetos e armou encrencas. A filha mais velha do rei Carlos IV e de sua mulher dona Maria Luisa de Parma não aceitava o segundo plano. Exigente, ela desejava o verdadeiro poder. Para isso, conspirou a vida inteira contra o marido e a corte portuguesa. Mas, igual ao coronel Aureliano Buendía, personagem de García Márquez em *Cem anos de solidão*, dona Carlota perdeu todas as revoluções que tramou. Ela e Buendía, porém, não desistiam. Em pouco tempo, envolviam-se novamente em intrigas políticas. Como se vê, o Realismo Fantástico não é tão fantástico assim.

Carlota Joaquina, bisneta de Luís XV, cresceu numa corte sofisticada. Era a neta preferida de Carlos III, orgulhoso da inteligência e sagacidade da menina, que garantiu a continuidade da dinastia. Antes de seu nascimento, dona Maria Luísa sofrera quatro abortos, os espanhóis se preocupavam. Do futuro casamento da recém-nascida Carlota poderia chegar o ansiado herdeiro masculino, perpetuação da pompa e circunstância dos Bourbon.

A infanta — que durante nove anos, até o nascimento do irmão Fernando, em 1784, pôde alimentar o sonho de anular a Lei Sálica, de 1725, que impedia as mulheres de reinar na Espanha — recebeu educação esmerada. Falava fluentemente, além do espanhol, francês e português. Cantava, dançava e montava a cavalo com leveza e estilo. Conhecia geografia, história, gramática e religião. Orgulhava-se de sua linhagem e, aparentemente, acatou o conselho dado por Carlos III, minutos antes de ela entrar na carruagem que a levaria, para sempre, à distância de sua pátria e família: "*jamais esqueça que você é uma Bourbon*". Carlota tinha 10 anos e ia ao encontro do marido de 18. O último conselho do avô dirigiu-lhe os passos para sempre. Ela fez e aconteceu, sempre tentando favorecer o seu país. Antes de qualquer título, Carlota Joaquina, orgulhosamente, se anunciava *a Infanta de Espanha*.

Repetiu-se com dona Carlota o acontecido a dom João VI. Sua imagem — pintada pelos inimigos maçons, republicanos brasileiros e liberais lusos — não passa de uma caricatura. Carlota Joaquina foi uma mulher de vanguarda, com afiado faro político, segura em suas decisões. Burlava as convenções, impunha-se sem medo, não permitia que a controlassem. Alguns séculos antes do Movimento Feminista, ela deixava claro que não nascera para obedecer a ordens masculinas.

Tais atitudes, inéditas nas damas da época, assustaram a conservadora nobreza portuguesa e forneceram farto material aos desafetos.

Defeitos, ela tinha. Muitos. Não se aliava a projetos políticos do marido, se estes projetos também não beneficiassem os interesses espanhóis. Adúltera e mãe de bastardos, jamais se preocupou com a vergonha imposta à família real lusa, nem com os inúmeros comentários sobre a sua extraordinária competência no esporte pula-cerca. Democrática, recebeu no leito desde o jardineiro do Palácio do Ramalhão até o sexto marquês de Marialva, Pedro José Joaquim Vito de Meneses. Segundo comentários, um deles é o pai biológico do infante dom Miguel. Aliás, quando Miguel nasceu, em 1802, o próprio príncipe regente comentou que "*não se deitava com a esposa há dois anos*". Apesar deste pequeno detalhe, dom João não negou ao pequeno o título de infante. Boa gente, dom João.

Geniosa, ela rompia o protocolo quando lhe dava na telha. Ao chegar a Lisboa — e após os quatro dias de festa, comemorativas das bodas reais — a recém-casada quase arrancou com os dentes uma orelha do marido, após lhe jogar na cabeça um castiçal de prata. Só então, as casas reais espanhola e portuguesa perceberam que a noiva não passava de uma criança. Ao contrato de casamento acrescentaram uma cláusula segundo a qual o matrimônio só se consumaria após dona Carlota menstruar, fato ocorrido cinco anos depois. Após a sensacional estreia, ela não parou mais. Sua lista de amantes é interminável.

Também era feia. Muito feia. Retratos não mentem, embora os pintores da época caprichassem nas pinceladas, tentando minimizar-lhe a falta de beleza. Baixa, manca, meio corcunda, nariz adunco, dentes pequenos e escuros e, para completar, relaxada com a higiene. Existem registros sobre o seu pouco asseio pessoal. Porém a descrição oficial do aspecto físico de Carlota é assinada por madame Laura Junot, esposa do general Junot, amante da infanta. É claro que a senhora Junot e seus honoráveis chifres só podiam descrever a rival como um monstro: anã, aleijada, disforme, mal barbeada (!), pele de lixa e cabelos oleosos grudados na cabeça. Apesar de tantos horrores, ponto para a poderosa Carlota. Após lhe desancar o visual, a refinada francesa não conseguiu criticar a elegância. Embora tentasse, apontando o "exotismo" no vestir. Mas madame Junot se curvou ante a beleza dos tecidos, os modelos originais e as joias extraordinárias. Apesar de usadas em excesso, alfinetou. Resumindo, dona Carlota era *over*, mas estilosa. Dona Laura, coitada, é que registrou para a posteridade o seu rancor de traída. Nem originais os cornos conseguem ser, todos derrapam em burrice. Ô raça, diria um conhecido jornalista carioca.

Mas a vida de Carlota Joaquina não se resumiu aos amantes e à falta de banhos. Muito ligada à família, com quem se correspondia regularmente, ela advertiu o pai, que se aliara aos franceses, da péssima decisão tomada. Cedo ou tarde, admoestou Carlos IV, Napoleão o trairia. O que realmente ocorreu. Nesta ocasião, Carlota, já no Brasil, soube que seu pai e seu irmão estavam presos e o trono espanhol, acéfalo. Sem vacilar, declarou-se a legítima — e única em liberdade — herdeira da Casa Bourbon. Imediatamente, considerou que as circunstâncias haviam anulado a Lei Sálica e começou a tramar para ser coroada rainha da Espanha. A troca de cartas entre ela e os aliados é frenética. Parece mentira, mas, na época, dona Carlota jogou o xadrez da política com uma paciência rara em seu caráter. Lutou sozinha contra o marido, seus ministros e os ingleses, temerosos de que a união ibérica e a de todas as colônias criasse um enorme monstro, impossível de controlar. Mas ainda existia outro inimigo: parte da aristocracia espanhola não a via com bons olhos por inúmeros motivos. O mais importante, o horror de entregar a Espanha à chefia do luso casal Bragança. Isto, apesar de a infanta não parar de apregoar o seu nascimento Bourbon.

Um jogo vagaroso. Carlota, habituada a perder, não acreditou quando as circunstâncias começaram a favorecê-la. O Partido Carlotista fortaleceu-se na Europa e, em 1810, ela conseguiu anular a Lei Sálica. Logo depois, as cortes espanholas reconheceram-lhe o direito à coroa e a princesa, entusiasmada, começou a organizar a sua volta à Europa. Plano frustrado por dom João, que colocou a aprovação inglesa como condição para a coroação da mulher. Tentando evitar atritos com os velhos aliados, que detestavam a ideia de Carlota Joaquina reinar, dom João, tramando às costas da esposa — ou seja, nem só dona Carlota jogou na posição de mau-caráter —, indicou para o trono espanhol a sua filha mais velha, Maria Tereza, e o seu sobrinho Pedro Carlos. Casados, naturalmente. Os noivos pertenciam, simultaneamente, às dinastias Bourbon e Bragança. Igual à Maria Tereza, o órfão Pedro Carlos, criado na corte portuguesa após a morte dos pais, era neto de dona Maria I, de Portugal, e de Carlos IV, da Espanha. Infante, portanto, de um e de outro país.

A união, realizada para colocar dois legítimos Bourbon no trono pretendido por Carlota, foi um desastre para a princesa do Brasil. Não só por lhe aniquilar os planos políticos. Mas, principalmente, por ela considerar a filha excessivamente bem educada para se tornar esposa de um rapaz grosseiro e sem instrução. As bodas ocorreram no Rio de Janeiro, em maio de 1810. Carlota Joaquina custou a se recuperar da traição do marido. Recolheu-se à sua chácara de Botafogo e, triste, viu o ano terminar. Cada vez mais só, detestava a terra que a obrigava a ficar longe do centro das decisões: a Europa. Completando a sua maré de azar, em 1810 começara a Revolução do Rio da Prata, considerada por ela uma ameaça à integridade das *suas* colônias. Ou seja, as da Espanha.

Os movimentos de independência da América espanhola logo ressuscitaram o animal político adormecido na combaida Carlota. Disposta a brigar com todos — inclusive, Madri —, ela se envolveu numa disputa passional, temperada por sangue *criollo*. Durante um ano, abriu várias frentes de guerra. Frustrou-se em todas. Em 1811, cansada de tanta intriga, teve um piti e escreveu um manifesto ao povo espanhol. Dispensou a etiqueta e jogou no ventilador. Entre outras gracinhas, avisou que ninguém controlaria a sedição colonial porque "(...) *o ministro da Inglaterra, lorde Stranford, governa o conde de Linhares e este governa o príncipe* (...)".

Enquanto isso, a confusão, enorme, se espalhava. Os portugueses começaram a se preocupar que as ideias de liberdade contaminassem o Brasil. A princesa não desistia. Apesar de todos os pesares, brigava por ela mesma e pela Espanha, colocando mais lenha na fogueira.

Não vamos nos alongar em fofocas políticas. Apenas narrar que, durante mais três anos, dona Carlota Joaquina encontrou motivos para viver. Opondo-se aos revoltosos; acompanhando o vai e vem de Madri, que ora a apoiava, ora, não; enfrentando os ingleses; tentando driblar dom João. Resumindo: um prato cheio para quem se alimentava de ambição. Sua festa acabou em 1813, quando o irmão Fernando

VII assinou um tratado secreto com Napoleão e voltou a Madri.

Nova e terrível derrota. Desiludida com portugueses, ingleses, espanhóis, brasileiros, *criollos*, filhos, amantes, marido, criados, enfim, quem vivia à sua volta, Carlota voltou a se esconder no palacete de Botafogo, de onde reclamava de males de saúde, em cartas a poucos amigos. Ainda mantinha contatos e esperanças de assumir o poder na Espanha, mas sentia-se cada dia mais só. Acreditava que morreria "de males físicos e morais", agravados pela permanência no Brasil, de onde, desesperadamente, tentava partir. Sem conseguir, claro. Carlota Joaquina de Bourbon e Bourbon passou a vida tentando. Nunca alcançou nada. Além de lhe sobrar açodamento, o "paspalho" do João não lhe deu uma folga. Seu destino obrigou-a a sempre morrer na praia.

Com jeito songamonga, dom João armou surpreendentes manobras políticas e ainda encontrou tempo para, sistematicamente, abortar as conspirações de Carlota. Hoje, a História aponta que uma forte depressão levou-o, em 1805, a se esconder em Mafra e, mais tarde, no Alentejo. *Blá-blá-blá* da historiografia oficial: ele não recebera educação para reinar, a posição lhe caíra na cabeça após a morte do irmão José, João não gostava e/ou não sabia mandar, pecava por indecisão, deixava-se manipular, tinha o caráter pusilânime. Daí para a maior *deprê* bastou um passo. Retrato caricato, desenhado pelas mesmas pessoas que transformaram dona Carlota numa cortesã de última categoria.

Existe outra versão — certamente mais verdadeira — para a mudança de dom João. Ele saiu de casa, como costumam fazer os maridos traídos. Por dever de ofício, os nobres carregam chifres com *nonchalence*. Impossibilitado de rejeitar dona Carlota — religião, protocolo, a fatal encrenca com a Espanha etc. e tal —, dom João, desgostoso, separou-se oficiosamente. Carlota ficou morando no Palácio de Queluz, com os filhos. Ele se recolheu a Mafra.

Madame não perdeu tempo. Tão logo viu o marido longe, deu o pontapé inicial na "Conspiração de Alfeite". Farejando a chance de alcançar o poder pleno, sonho de sua vida, desandou a escrever cartas para o pai e a mãe, denunciando o débil estado de saúde do esposo e pedindo ajuda para assumir a regência de Portugal. Ao mesmo tempo, arregimentava nobres lusos em torno de sua causa, convencendo-os de que o príncipe herdara o mesmo mal que enlouquecera dona Maria I. Os conspiradores acabaram decidindo que, 25 de abril, aniversário de Carlota, seria o dia do golpe. Seus partidários compareceriam a Queluz para o beija-mão comemorativo e, cada um que concordasse com a deposição do príncipe-regente, após ajoelhar-se diante da princesa, levaria a mão ao coração, provando fidelidade à nova dona do pedaço.

No dia aprazado, Carlota engalanou-se em elegâncias e joias, exultante de felicidade. Tudo transcorria exatamente como o planejado. Em seu trono, triunfante, ela recebia a adesão da nobreza, prostrada a seus pés. De repente, não mais do que de repente, dom João, avisado da tramoia, adentrou o salão. Com a sua presença, evitou o golpe. Os insurgentes titubearam. Muitos, antes de cumprimentarem a aniversariante, cumprimentaram dom João. A conspiração morreu no nascedouro. Após o fim precipitado da festa e de dom João pegar a carruagem de volta a Mafra, Carlota Joaquina teve um acesso de raiva testemunhado pelos filhos e pelos criados. De castigo, o príncipe despachou alguns rebeldes para fora de Lisboa e a princesa tornou-se mais prisioneira em Queluz. Apesar do cabelinho nas ventas da esposa, dom João foi-lhe um adversário à altura.

Quando o cerco francês apertou em torno da família real e a fuga para o Brasil tornou-se uma hipótese concreta, a princesa enlouqueceu. Implorou ao pai e à mãe que interferissem, impedindo-a de viajar. Reclamou o quanto pôde. Não queria, de maneira alguma, sair da Europa. Seus pais eram mais reis do que pais. Ou psicanalisados, não sei. O fato é que fizeram ouvidos moucos ao desespero da filha e não se envolveram. A precipitação dos acontecimentos com a invasão do norte de Portugal pelas tropas de Napoleão obrigou dom João a bater o martelo: a toque de caixa, a corte se mudaria para o Rio de Janeiro. No caos do embarque, dona Carlota — contrariada e enraivecida — mostrou a força de seu caráter. Chegou ao cais acompanhada de todos os filhos e ela, pessoalmente, dividiu-os entre os diversos navios da esquadra, para "*proteger a dinastia*". Se algum barco naufragasse, nas outras embarcações, separados uns dos outros prevenindo imprevistos, haveria infantes da Casa Real de Bragança. E de Bourbon, *por supuesto*.

Pau de dar em doido. Carlota Joaquina raspou a cabeça a bordo para se livrar dos piolhos e desembarcou em Salvador, Bahia, vestida de preto e sem uma joia. Luto pela situação que não queria viver, protesto ao país no qual não queria morar. Melhorou de ânimo antes de chegar ao Rio, onde se instalou na Chácara de Botafogo, residência oferecida pelo comendador José Agostinho Fernandes. No Rio — em sua opinião, "*cidade repugnante, habitada por macacos e negros*" —, além de cavalgar, Carlota instituiu a moda de ir à praia, diversão até então reservada aos escravos. Diariamente, muito cedo, banhava-se na enseada de Botafogo. Obedecendo ao marido — e para visitar os filhos, que moravam com o pai —, regularmente percorria a rota Botafogo/São Cristóvão. Comparecia aos almoços familiares, que dom João adorava. Numa de suas viagens entre um bairro e outro, criou um incidente diplomático ao tentar obrigar o embaixador norte-americano a se ajoelhar à sua passagem. Ante a negativa do cidadão — norte-americano, desde aquela época, é metido a besta —, dona Carlota mandou seus soldados o chicotearem. O embaixador sacou o revólver e desandou a atirar a esmo. Criou-se um grave incidente diplomático, sabiamente contornado por dom João, que, após este episódio, fez circular a ordem de que estrangeiros não precisavam reverenciar a passagem de qualquer membro da família real.

Apesar dos atropelos políticos e da solidão a que a corte lusa a condenou, nem tudo foi amargor na temporada carioca de Carlota Joaquina. A cidade tão odiada reservou-lhe uma grande paixão: o comendador Francisco Braz Carneiro Leão. Mulato, nos padrões europeus. Moreno, na concepção carioca. Com ele, em 1820, a rainha do Reino Unido de Portugal, Brasil e Algarves viveu um ardente amor. O casal se encontrava na chácara de Laranjeiras, propriedade real. Quando Carneiro Leão participou-lhe o fim do romance, alegando ser casado, Carlota perdeu o juízo. Louca de ciúmes mandou matar-lhe a esposa, Gertrudes Carneiro Leão. A investigação policial chegou a seu nobre nome e, por ordens superiores, o escândalo foi abafado. O viúvo, alguns anos depois, recebeu o título de barão de Vila Nova de São José. Mais tarde, conde. Apesar do excesso de lealdade à senhora esposa assassinada, *seu* Carneiro Leão devia ser das arábias. Fez-se nobre no leito Bourbon e Bragança. E olha que rejeitou a amante...

Este episódio tornou a rainha mais reclusa e mal-humorada. Egressa de anos e anos de decepções, traições e solidão, ela suspirou aliviada quando, em 1821, pressionado pelos liberais da Revolução do Porto, que ameaçavam lhe tomar a coroa, dom João decidiu voltar a Lisboa. O sentimento que o trouxera levou-o de volta: a tentativa de, a qualquer preço, preservar a *Sereníssima Dinastia Bragança*. Como se vê, marido e mulher não se diferenciavam tanto assim. Com o jeito bonachão de sempre, mas dono de um império e de duas coroas, o rei entregou o cetro brasileiro ao filho Pedro — fato que, concretamente, manteve a unidade do reino de Brasil, Portugal e Algarves — e começou a arrumar as malinhas, para alegria da majestade consorte, já identificando novo espaço para exercitar a sua ambição.

Fiel à lógica de conservar o trono, dom João aceitou a imposição dos liberais e assinou a constituição de 1822, limitando os seus poderes. Dona Carlota, ao contrário, recusou-se a sapecar o jamegão no documento que a transformava numa figura meramente decorativa. A infanta de Espanha — nesta altura, aos 46 anos — recuperou a rebeldia e arrogância juvenis e acabou, por decisão dos liberais, exilada na Quinta do Ramalhão. Um tiro no pé dos liberais, disparado por eles próprios. Isolada, Carlota planejou com o filho Miguel, o predileto, a *Vilafrancada*, movimento vitorioso que, em 1823, derrubou a Constituição Liberal. Único quase sucesso de sua vida. Durou pouco, porém, o prazer da possível vitória, apesar de o próprio dom João VI tê-la buscado no Ramalhão, levando-a para Lisboa. O rei recuperou os privilégios, mas anulou politicamente os ultraconservadores, partido de dom Miguel e dona Carlota. Impediu, assim, de o poder acabar nas mãos da esposa e do filho, como eles planejavam. Mas, sinceramente, os dois agiram como se não conhecessem o respectivo marido e pai, catedrático em se movimentar na surdina e na última hora.

Ah, a desmedida ambição. Apesar da posição privilegiada que recuperara, dona Carlota não ficou satisfeita. No palácio de Queluz, onde voltou a morar, continuou a tecer intrigas até que — um ano depois e, outra vez, com apoio de dom Miguel — conseguiu fazer eclodir um novo movimento absolutista: a Abrilada. Com apoio do corpo diplomático, dom João se refugiou no navio *Windsor Castle*. A confusão durou menos de 15 dias. Vencidos os revoltosos, dom Miguel perdeu parte de seus luxos de infante e partiu para o exílio, em Viena.

Dom João chegou a pensar em expulsar a esposa de Portugal. Acabou optando por trancá-la no Palácio de Queluz, onde ela se tornou prisioneira do reino que nunca conseguiu conquistar.

Nem morto dom João lhe deu paz. Por outro lado, Carlota Joaquina não respeitou o marido nem depois que ele morreu. Ao adoecer gravemente, em 1826, dom João VI descumpriu a secular tradição de a regência caber à rainha viúva, até o herdeiro assumir. Em documento que, modernamente, é contestado — grafólogos não reconhecem a assinatura do rei —, ele entregou Portugal a um Conselho de Regência, encabeçado por sua filha Isabel Maria de Bragança.

O sucessor, dom Pedro I do Brasil, IV de Portugal, abdicou em favor da filha Maria da Glória. Logo depois, concedeu a mão da menina de nove anos ao tio Miguel. Até dona Maria da Glória alcançar a idade de casar, a regência caberia a Isabel, como determinara dom João.

Mas o reino saiu de controle, os fatos se atropelaram e, em 1827, Miguel voltou a Portugal para, a pedido de Pedro, tornar-se regente. Sua recepção em Lisboa foi apoteótica, mas dom Miguel não lembrou da mãe, que tanto o ajudou. Não a visitou, nem levantou a ordem de confinamento que mantinha Carlota Joaquina presa em Queluz.

A Infanta de Espanha, ambiciosa, corajosa, orgulhosa de suas origens, vencedora dos incontáveis fracassos que nunca a abateram, morreu só e abandonada em 1830.

Há quem diga que Carlota Joaquina Teresa Caetana de Bourbon e Bourbon, finalmente derrotada, preferiu se envenenar. Única vitória contra a vida, que lhe negou acesso a todos os sonhos.

Dom João VI, o Injustiçado

Coitado de dom João, só é lembrado pela fama de guloso: era tarado por frangos. Assados, claro. Dizem que comia seis por dia. A injusta fama do príncipe — mais tarde rei de Portugal, Brasil e Algarves — foi construída pelos inimigos políticos. Além da esposa Carlota Joaquina, os maçons, os liberais portugueses e os republicanos brasileiros, mais interessados em apontar-lhe a gula, os filhos bastardos, a lentidão em decidir-se, do que em reconhecer a visão política que, discretamente, levou-o a tomar decisões ousadas, mas corretas. Sagaz, dom João reconhecia, as próprias limitações e escolhia homens capazes para cercá-lo. Em verdade, em verdade, vos digo: dom João foi muitíssimo mais esperto do que a História teima em registrar.

A História também gosta de esquecer que o infante transformou-se no único soberano europeu perseguido por Napoleão que conseguiu escapar. Antes de o Corso humilhar Portugal, destruindo a sua corte, dom João fugiu para o Brasil. Ideia que, mais tarde, os Bourbon da Espanha tentaram repetir, decidindo se esconder no México. Não houve tempo, Napoleão abortou-lhes a pretensão. Antes de dom Carlos IV e dona Maria Luísa começarem a arrumar as malas, a França traiu a família real espanhola, sua suposta aliada, e prendeu o soberano, humilhando-o. Ou seja, dom João, *avant la lettre*, inaugurou a moda das temporadas reais ibéricas em seus *resorts* sul-americanos. Mas a fama de tolo grudou-lhe igual visgo. Ninguém pensa que o regente caladão deu um espetacular triplo-mortal-sem-rede quando embarcou mais de dez mil pessoas e todo o tesouro português para o outro lado do Atlântico. É claro que grande parte deste sucesso se deve a seu gabinete. Principalmente à eminência parda Rodrigo de Sousa Coutinho, o conde de Linhares. Mas, numa monarquia absolutista, dom João, com o privilégio da última palavra, teve, ao menos, o mérito de seguir o conselho certo.

Após se instalar no Brasil — entre um e outro franguinho, administrando seu combate pessoal com a esposa Carlota e apoiando a mãe, a quem amava muito —, o regente construiu os alicerces do Brasil moderno. Abriu os portos às nações amigas (favorecendo a Inglaterra, claro, ninguém é perfeito). Liberou as atividades industriais e a imprensa. Fundou academias militares, a Escola de Belas-Artes e as duas primeiras faculdades brasileiras. Criou uma fábrica de pólvora e o Jardim Botânico, onde, além das espécies nativas, mandou plantar flores e frutos europeus, com mudas e sementes que trouxera em sua bagagem pessoal. Finalmente, permitiu a autonomia administrativa, que desaguou na elevação do Brasil à categoria de Reino Unido. Quando estouraram os movimentos de liberdade da América espanhola, sua presença garantiu a nossa integridade territorial. Ao voltar para Portugal em 1821, empurrado pelo desejo de salvar a dinastia Bragança, mesmo motivo que, em 1808, o fez abandonar a metrópole, ele — nesta altura, usando o título dom João VI, rei de Portugal, Brasil e Algarves —, manobrou espetacularmente. Raros políticos agiriam com a esperteza do nosso João. Sabendo que o Brasil, em pouco tempo, procuraria a independência, entregou a coroa ao filho Pedro, avisando que "*a colocasse sobre a cabeça, antes que um aventureiro o fizesse*". Traduzindo, aconselhou um infante português a capitalizar e liderar a emancipação brasileira.

A História Oficial adora frases de efeito. Talvez dom João tenha dito isto, talvez não. Mas as palavras, com certeza, resumem o tom de sua conversa com o príncipe herdeiro. Dom João não desconhecia que o Brasil logo tentaria romper sua servidão a Portugal. Mas, astuto, percebeu que, enquanto dom Pedro reinasse, o império brasileiro continuaria singrando na direção apontada por Lisboa. A mesma História, o mesmo nome, o mesmo sangue uniriam as duas coroas. Dom João veio para o Brasil como regente de Portugal. Ao voltar, levou no bolso um império tropical e um reino europeu. Convenhamos, poucos conseguiram tanto.

Sua história é de discrição e sensatez. Se correr o bicho pega, se ficar o bicho come. Mal substituiu a mãe enlouquecida, ele, pressionado pela Espanha, França e Inglaterra, percebeu não haver saída além da aparente neutralidade. Acendia uma vela a Deus, outra ao diabo e empurrava os problemas com a barriga até a completa maturação. Então, decidia com ajuda de conselheiros. Geralmente, certo. Tropeçou ao ceder demais aos ingleses, mas se não cedesse a eles, cederia a outros. Aliás, poucos monarcas apresentam um currículo de problemas tão variado. Enquanto reinou, dom João descascou quantidades industriais de abacaxis: os familiares, Napoleão, a fuga para o Brasil, as radicais mudanças de pensamento na Europa pós-revolução francesa, o Bloqueio Continental, a guerra com a Espanha, a Revolução do Porto, a Vilafrancada, a Abrilada (ver *Carlota Joaquina, infanta de Espanha*) e a Independência do Brasil. Tudo isso, claro, temperado por sua inigualável consorte, sozinha um colossal estorvo. E ainda há quem aponte este homem como, apenas, um comedor de franguinhos.

Não deve ter sido fácil para um príncipe não educado para se tornar rei encarar, de repente, um país em crise, a Europa pegando fogo, a mãe louca e uma esposa sem controle. O herdeiro de dom Pedro III e dona Maria I — rainha de fato, filha de dom José I — seria o infante dom José, falecido aos 26 anos, de varíola. Quando o irmão morreu, dom João já casara com dona Carlota. Subitamente, sua rotina mudou com as novas responsabilidades. Tinha apenas 21 anos e era tímido. Mas, à sua maneira, vagarosamente, ele solucionou cada pendenga que lhe jogaram no colo. Agia tardiamente, mas agia. Precursor do antigo PSD mineiro, dom João aprendeu rápido que em boca fechada não entra mosca. Lição que o ajudou muitíssimo. Em silêncio, abriu o seu caminho. Só movimentava os maxilares para mastigar frangos.

Ao substituir a mãe demente, a situação portuguesa fervilhava. O Reino se debatia entre os liberais, fiéis da Revolução francesa, e conservadores. Aparentemente, uma situação simples. Absolutistas, os Bragança fatalmente apoiariam os últimos. Mas o mundo não é assim, tão fácil. Entre uma e outra corrente, o jovem dom João viu-se encurralado. Se bajulasse os conservadores, com quem se identificava, se arriscaria a sofrer invasões da Espanha, recém-aliada francesa. Apoiando os liberais, sabotaria a si próprio e perderia a proteção marítima da Inglaterra, imprescindível ao sucesso do comércio com o Brasil, base da economia portuguesa.

O infante sinalizou entender a gravidade do problema. Conversou com as duas facções, sem se comprometer com nenhuma. Encarregou a diplomacia lusa de convencer os outros reis que Portugal só queria viver em paz. Missão impossível. Dependente até o último fio de cabelo do comércio marítimo e dono de um dos melhores portos europeus, o de Lisboa, o país não conseguiu se dar ao luxo de fingir que não existia. Quando Napoleão impôs o Bloqueio Continental para prejudicar os inimigos ingleses, o encurralado João viu-se pendurado na brocha.

A Inglaterra, grande potência marítima da época, tinha papel fundamental na economia portuguesa, dom João tratava-a aos rapapés. Tentando contornar o problema, ele embromou a França o maior tempo possível. Balançou-se sobre um precipício, abrindo e fechando seus portos de acordo com o grau de ameaças recebidas por um e pelo outro lado. Chegou a oferecer dinheiro à França para ela lhe dar sossego. Nada conseguiu, além de nova amolação. Napoleão não só não aceitou os 16 milhões de cruzados anuais, resgate oferecido pelos portos, como ainda exigiu presteza. Queria, o mais depressa possível, os ingleses longe do Tejo.

Quanto mais o tempo passava, mais a política europeia encaroçava e a diplomacia portuguesa tentava convencer amigos e inimigos que dom João só desejava tranquilidade. Inútil, ninguém se mostrou disposto a escutar.

Como desgraça pouca é bobagem, no meio de tanto estresse, a Espanha invadiu Portugal. Comandando a tropa, o general Manuel Godoy, amante da mãe de Carlota Joaquina, que herdou os seus genes pá-virada. A guerra foi curta, mas humilhante. Portugal perdeu a região de Olivença, pagou à França, aliada espanhola, 25 milhões de francos, cedeu-lhe terras ao norte do Brasil e, finalmente, assumiu o compromisso de fechar os portos à esquadra inglesa. Dom João, o Sonso, jurou que cumpriria as ordens, virou de costas e continuou agindo como se nada houvera. Igual a sempre, os navios da Inglaterra, na maior intimidade, seguiram fundeando em costas lusas.

Conhecedor deste mau hábito do príncipe-regente — a insistência em sobreviver —, Napoleão decidiu que o trono português cumpriria as suas ordens nem que fosse na porrada. Então, avisou ao infante que, se ele saísse dos trilhos, Portugal seria dividido em três reinos. O do Alentejo e Algarve viraria um principado com a alegria de Mônaco. No trono da maravilha, o *príncipe da paz*, Manuel Godoy. No reino da Lusitânia Setentrional — formado pelo Minho, e tendo como capital a cidade do Porto —, reinaria a infanta espanhola Maria Luisa, irmã de Carlota Joaquina. O território circunscrito entre os rios Douro e Tejo conservaria o nome Portugal e ficaria sob o domínio francês até o fim do conflito.

Dom João, finalmente, se assustou. Antecipando-se à possível divisão de seu território, o fim de Portugal, ele mandou chamar o embaixador inglês. A conversa dos dois rendeu ótimos frutos. Um ano antes da invasão francesa, o regente resolveu que, quando isto ocorresse — pois iria ocorrer, só não se sabia quando —, a sede do governo português mudaria para o Brasil. Depois, bastaria elevar a colônia à categoria de Reino-Unido e pronto: Napoleão ficaria a ver navios. Um golpe de mestre, dom João conservaria o seu *status* de monarca europeu reinante. Nada supera uma casa com quintal avantajado, provavelmente suspirou aliviado o todo-poderoso conde de Linhares.

No fim de 1807, quando as tropas de Napoleão avançaram sobre Portugal, dom João preparou a bagagem. Bem, na verdade a história é mais complicada. O regente fez corpo mole mais tempo do que devia e decidiu fugir tarde demais. Dona Carlota esperneou, dona Maria berrou, a logística da mudança do reino, seus nobres e seus tesouros falhou. Após a esquadra partir aos trambolhões — o general Junot e suas tropas já marchavam sobre Sintra — pelo cais permaneceram, espalhadas, centenas de caixotes abarrotados de preciosidades. Inclusive, 60 mil volumes da Biblioteca Real, que só chegaram ao Brasil em 1810.

Entre a decisão tomada e os navios levantarem as velas passaram-se apenas cinco dias. Nem a marinha inglesa conseguiu minorar a dificuldade de acomodar na esquadra, além da família real, toda a nobreza, ministros, juízes, clero, administradores, oficiais, mobiliários, baús de roupa, joias da coroa, todo o tesouro luso, engradados e obras de artes. Além de vacas, porcos, galinhas, patos, carruagens, cavalos e as rações para os dias no oceano. A chuva perturbou, milhares de pessoas disputavam a tapa um lugar a bordo, carruagens se entrechocavam no porto. Dona Maria foi levada na marra, aos gritos de "*não me matem*". O povo português se ofendeu. Enfim, o que pôde acontecer de confusão, aconteceu. Até o núncio apostólico e seus asseclas, bonitinhos no cais, acabaram esquecidos sob o temporal.

Os fins justificam os meios. A fuga da família real marcou-se pela lambança, e os reinóis morreram de desgosto pelo abandono. Mas a coroa Bragança se manteve íntegra. Ao lhe ser negado o prazer de destronar dom João, Napoleão estrebuchou e desistiu de entrar em Lisboa. Enviou o general Junot, que encarou a fúria da turba. A população da capital já nem sabia se protestava pelo tremular, no castelo de São Jorge, da bandeira francesa ou se pelo desaparecimento da rainha e do regente, os grandes símbolos nacionais. O tempo deu razão a dom João. Pior humilhação passou a realeza que Napoleão prendeu e exilou, sem respeitar a tradição do nobilíssimo sangue azul. A Revolução Francesa lançara raízes.

Portugal ficou sob o comando de uma junta: o marquês de Abrantes, o tenente-general Francisco Noronha e o conde de Castro Marim. Os três, coitados, postaram-se à espera de inevitável invasão, enquanto os colegas fidalgos seguiam rumo ao hemisfério sul. Nos 56 dias de viagem, os nobres comeram o pão que o diabo amassou. Desconforto é pouco para descrever o aperto dos navios, as famílias dormindo no chão, muitas vezes no convés, ao relento. Não havia água corrente, nem banheiros. Nas popas, com trançados de cordas, improvisaram cloacas onde os fujões, constrangidos, acomodavam-se para se aliviar diretamente no mar. Um surto de sarnas e piolhos — a própria Carlota Joaquina precisou raspar a cabeça — potencializou o extraordinário mal-estar do ambiente insalubre. A comida era péssima. Enfim, um pesadelo.

Pesadelo maior viveram os portugueses. Após a partida do regente, o povo enfrentou encrenca brava. Três vezes, Napoleão investiu contra Portugal. Morreu tanta gente defendendo o país que, em 1810, os campos reclamavam braços masculinos para a lavoura. Não os havia. Durante o excesso de descalabros, só se manteve intocável o Tratado de Methuen (ver "Bê-á-bá dos tratados econômicos", pág. 155). O pau comeu, mas os lusos lançaram mão de seu tradicional jogo de cintura e naus portuguesas, navegando sob a bandeira de um hipotético Reino de Knifausen — paisinho perdido na foz do Elba, jamais descoberto em nenhum mapa —, driblaram a cláusula que só permitia às embarcações inglesas o transporte de tecidos e de vinhos. Os navios de Knifausen iam e voltavam da Inglaterra, trazendo têxteis e levando o vinho na maior tranquilidade. Quanta genialidade, que nome incrível inventaram para o tal país. Palmas para a criatividade portuguesa, precursora do maravilhoso oba-oba das nossas escolas de samba.

Para o Brasil, a invasão napoleônica rendeu ótimos frutos. Dom Joãozinho, o Ex-Surfista, descendente de dom João VI, que o diga. Igualzinho aos sabiás, as ondas que aqui volteiam são melhores que as de lá (ver "Auriverde, pendão da minha terra", pág. 113). Além do mais, transferida a capital de Portugal para o Rio de Janeiro, a situação brasileira começou a melhorar — pena que não melhorou de vez. Com o regente, depois rei, morando na brisa tropical, o pacto que atrelava comercialmente o Brasil à metrópole caiu em exercícios findos. Afinal, não pegava bem continuar esganando o povo que tão gentilmente recebera a família real e milhares de fidalgos.

Dom João retribuiu. Aconselhado por José da Silva Lisboa, mais tarde visconde de Cairu, eliminou o primeiro grilhão *que atravancava o progresso* brasileiro. Ainda em Salvador, Bahia, abriu os portos brasileiros às nações amigas. Festa. A esquadra inglesa curou-se da síndrome persecutória e dispensou o analista. Aliás, a História omite, mas ninguém desconhece que a Inglaterra impusera uma única condição para trazer o regente: a abertura dos portos brasileiros. Não duvidamos. Países não são casas de caridade, nem governos se agradam pelos belos olhos dos governantes. Política internacional é briga de cachorro grande, sempre há outro propósito disfarçado nos discursos.

Em março de 1808, dom João instalou-se na cidade do Rio de Janeiro. Promovido, de uma hora para outra, à capital do Império — sim, nesta altura, um império: Europa, Ásia, África, Brasil, nossa, para tanta terra, um rei é pouco —, o Rio precisou absorver milhares de nobres lusos. O carioca reagiu na galhofa aos problemas que surgiram: alimentação, infraestrutura, moradia. Os *homeless* d'além mar não se apertaram. Resolveram a falta de teto expulsando os moradores das melhores residências. O cidadão acordava e via pintado no muro **PR**. Ou **P**ríncipe-**R**egente. Sinal de que, rapidinho, deveria cair fora, a elite lusitana desejava a sua casa. Em protesto bem-humorado, o povo traduzia o **PR** por **P**onha-se na **R**ua. Simpático, melhor do que brigar. Em gesto de boas-vindas, os mais ricos ofereceram as suas casas aos mais nobres. Fato ocorrido com Carlota Joaquina, que ganhou a Chácara de Botafogo, e dom João, que recebeu a Quinta da Boa Vista.

Após a abertura dos portos, o processo de separação econômica tomou impulso. Uma após a outra, dom João suprimiu todas as subordinações do Brasil a Portugal e revogou as proibições que emperravam nosso desenvolvimento. O Brasil, *thanks God*, recebeu permissão para importar máquinas *inglesas* e iniciar sua indústria. A junta Comercial Brasileira abriu as portas com pompa e circunstância. O Banco do Brasil e a Casa da Moeda foram fundados — os portugueses chiaram, o Banco de Portugal só nasceu quase 30 anos depois. Estradas, imprensa — inclusive, a Imprensa Régia —, Biblioteca Nacional, escolas superiores. Claro, meu Deus, o Reino Unido, como esquecer este fato de tamanha importância? Pois bem, o Reino Unido Brasil-Portugal nasceu em 1815. Com a presença real, a cidade do Rio de Janeiro se tornou a metrópole. Não à toa, na época, inauguraram uma fonte na cidade de Guimarães, norte de Portugal, e a placa está lá até hoje, para todo mundo ler: "(...) *sendo a capital do reino a cidade do Rio de Janeiro* (...)". Chique demais, nossa...

Equiparado a Portugal, liberto economicamente, o Brasil elevou dom João a rei da cocada preta, cheio de títulos, de matar dom Manuel de inveja (ver "Navegar foi preciso", pág. 71). As histórias têm mão e contramão. Esta elegância de Reino despertou, nos brasileiros, ideias de independência. Eclodiu um sururu em Pernambuco. Eclodiriam outros, não nos cabe comentar. Apenas concedemo-nos o direito de puxar a melhor brasa para assar nossa sardinha: a troco de que continuar colônia? (ver "Receita de português", pág. 17).

Apesar dos muitos esforços, as economias lusa e brasileira permaneciam interdependentes. Com exceção do santo vinho do Porto, reservado por Methuen às santas gargantas inglesas, as exportações portuguesas destinavam-se ao Brasil. E vice-versa. O vai e vem de tralhas sustentava a marinha mercante inglesa. Tudo se entrelaçava em um nó gigantesco.

O enredo também. Rende, sozinho, um livro. Resumindo a cantilena, além dos normais resmungos — o Brasil continuava subordinado à economia portuguesa, que dependia de ordens brasileiras —, o governo luso, distante da família real, começou a enfraquecer. Detectando a ausência de autoridade, os ingleses dispensaram a cerimônia e se instalaram em Lisboa, balançando-se na rede. A insatisfação aumentou. A correspondência para dom João demonstra, claramente, que a situação, a cada dia, tornava-se mais séria. Um relatório de 1820 informava a sua majestade: "(...) *Portugal chegou a uma crise em que ou há de sofrer a revolução das fortunas, a da ordem, a da anarquia... ou se há de, sem perda de tempo, cuidar de aumentar a receita* (...)"

Mesmo após 13 anos nos trópicos e das pazes feitas com os franceses, dom João protelava a hora de voltar: gostava do Brasil. Avesso ao protocolo excessivo (só não dispensava o beija-mão, cerimônia que adorava), ele se adaptou com gosto à Quinta da Boa Vista, palacete doado pelo negociante Elias Antônio Lopes. Apreciava as frutas brasileiras, não dispensava os almoços familiares em que, após a sobremesa, os infantes Pedro e Miguel lavavam a sua mão numa bacia de prata. Adorava as composições e regências do padre José Maurício, neto de escravos. Aliás, ao desembarcar no Rio, dom João e sua comitiva foram diretamente à igreja Nossa Senhora do Rosário assistir a um *Te Deum* em ação de graças pelo sucesso da viagem e distância de Napoleão. Amante da música, o regente deslumbrou-se com a inesperada qualidade dos sons que o receberam. Contrariando os artistas da comitiva, dom João elevou José Maurício, senhor de tais sons, a *mestre da capela real*. O tempo que o príncipe passou no Brasil permitiu ao mulato pobre e *pecador* (apesar de padre, reconheceu cinco filhos) a sofisticação de sua arte. Até compor para *castratti* — seres impensados no Brasil colônia, alguns vieram na comitiva de dom João — José Maurício conseguiu, com qualidade excepcional. Resumindo, dependendo de seu gosto, dom João nunca mais retornaria à Europa. Achava a cidade alegre, apreciava as suas festas, o clima, a alegria. Quando saía às ruas, emocionava-se com a aclamação carinhosa do povo.

Mas reis têm compromissos. Chegou o momento em que se tornou impossível não voltar. O exército luso insubordinou-se, a hipótese da república começou a circular. Portugal mergulhou em nova e séria crise, dom João VI sentiu ameaçada a sua coroa.

O injustiçado Bragança só deixou o Brasil em 1821, após a eclosão da Revolução do Porto. Um dos poucos erros de sua biografia: ele demorou demais longe de casa. Voltou apenas quando Lisboa exigiu e ingleses, os chatos de sempre, demandaram asperamente a sua presença na Europa.

A confusão em Portugal não terminou, prolongou-se muitos anos (ver "Carlota Joaquina, infanta de Espanha", pág. 171). Dom João VI morreu em 1826. Carlota Joaquina — que, de volta a território luso, tramou dois golpes para depô-lo — acusou os liberais de o terem envenenado. Os liberais contra-atacaram, tachando-a de traidora, adúltera, venenosa e envenenante. A ela é que interessava o sucumbir do marido. Entre tapas e beijos — liberais X conservadores, dom Miguel X dom Pedro, liberais X Carlota Joaquina —, a regência portuguesa ficou nas mãos da infanta Maria Isabel. Logo passou para as de dom Miguel, tio e noivo de Maria da Glória, futura rainha dona Maria II, filha de Pedro I.

Dona Maria II, uma brasileirinha nascida na Quinta da Boa Vista e batizada no Outeiro da Glória, provocou nova guerra. Desta vez, entre irmãos: um liberal, outro conservador.

Mas quem quiser saber o acontecido, descubra sozinho.

Ou espere a nova edição de *O português que nos pariu*.

Nossos bisavós portugueses

Bisavô português é igual carro a álcool, todo mundo tem um.

Durante o período colonial volta e meia ocorreram picos de emigração. Dificuldades econômicas, guerras, revoluções, perseguição religiosa. Sempre surgia um motivo para aumentar o número de portugueses que cruzavam o Atlântico, sonhando em recomeçar a vida no Brasil.

Na minha geração, ascendência portuguesa é quase uma injunção histórica. Meu bisavô luso, nascido na metade do século XIX, se chamava João Jorge Gaio Junior. Para os íntimos, *seu* Gaio. Foi ele *o português que me pariu*. *Seu* Gaio era pai de minha avó materna, detalhe que, em nossa cultura matrilinear, explica a sua forte presença em minha vida e o fato de eu tentar, escrevendo, refazer-lhe os caminhos. Quem sabe não tropeço em alguma coisa e posso re/encontrá-lo?

Hoje, *seu* Gaio, promovido a Santo Antônio, exerce o dom da ubiquidade, atuando simultaneamente no Brasil, Hungria, Emirados Árabes Unidos, Inglaterra, Colômbia,

Estados Unidos e Espanha, países onde se espalharam seus descendentes, tão ciganos quanto ele e igualmente zelosos do passado português. Eu devo muito a *seu* Gaio. Não chequei a conhecê-lo, mas dedico-lhe este livro.

Fim da *egotrip*. Gente, homenagem emociona.

Voltando à História, junto com *seu* Gaio — nascido em 1867, anexado ao Brasil em 1882 —, desabaram aqui milhares de outros lusos, expulsos de Portugal por nova crise econômica. Expulsos, em termos. Eles saíram por vontade própria. Entre passar fome lá e tentar se virar aqui, muita gente se aventurou. Principalmente na última metade do século XIX, a imigração lusa em direção ao Brasil foi imensa.

Sim, relaciona-se a liberais e conservadores — sempre se relaciona, em qualquer lugar do mundo. Mas, em homenagem aos leitores que acabaram de digerir a história de meu bisavô, não falarei novamente nesta chatíssima briga que acabou matando o coitado do dom João VI.

Portugal perdeu o bonde da História. Durante o século XIX, enquanto o resto da Europa se desenvolvia cultural e economicamente, o país continuava cultivando os seus velhos problemas: falta de capital, indústrias não competitivas, guerra civil, intromissão inglesa etc. e tal. O tempo lhe impôs outros: economia atrelada à agricultura, rede viária deficiente, déficit crescente na balança comercial, maquinário industrial ultrapassado, Estado centralizador. Vai por aí afora.

A supervalorização da agricultura, através da construção de estradas que escoavam os produtos, permitindo rápido retorno de capital, revirou a estrutura campesina. Sumiu o agricultor de subsistência. Os grandes proprietários de terras começaram a invadir áreas comuns das pequenas cidades, provocando um fenômeno conhecido por Tapagem, que retirou dos mais pobres a terra que os sustentava. Em 1867, uma lei reconheceu o direito de propriedade dos invasores. O Movimento-dos-Sem-Terra (MST) brasileiro babou de inveja.

Camponeses do Brasil, atentai-vos. Despir um santo para vestir outro sempre deixa alguém com frio. A Tapagem, e o posterior reconhecimento do direito de propriedade, beneficiou a turma mais espertinha e criou uma multidão de deserdados.

O agricultor que sobrou — descendente de gerações que nada sabiam fazer além de arar a terra — ficou a ver navios. Sem um tostão no bolso, em um país que começava a lidar (mal) com a inflação. Os agricultores, antes uma unidade, passaram a se enxergar como dois segmentos distintos. Um desconfiava do outro, ambos se sentiam traídos. Enfim, a tão conhecida luta de classes manifestou-se. Em 1897, um relatório do governo português, curto e grosso, resumiu o problema: "(...) *esta situação fermenta nas classes ínfimas um ódio surdo contra as superiores* (....)" Uma preciosidade de preconceito. Graças a Deus, *seu* Gaio já vivia no Brasil, não passou pelo vexame de ser xingado de "ínfimo".

Começou a evasão maciça para as cidades, incapazes de absorver tanta mão de obra. Para os marginalizados, a passagem do mundo rural para o urbano foi difícil e dolorosa. Entre outros problemas, o detalhe do machismo, gracinha que também herdamos: as cidades ofereciam mais trabalho às mulheres. A burguesia necessitava de empregadas, pois lavar roupa, santa, é um saco, não há beleza que aguente. Manuel estrebuchou quando viu sua Maria trazendo dinheiro para casa.

Joaquim, igualmente humilhado — a esposa cozinheira também lhe pagava as contas —, deu o braço a Manuel e ambos, desalentados, lavaram a honra ofendida embebedando-se nos bares. O alcoolismo acentuou-se nas simples almas masculinas, habituadas há séculos ao papel de *pater familiae*, mesmo se exercido em um sítio mambembe socado no beleléu.

De repente, o *insight* que, naquele tempo, se chamava "*se não tem tu, vai tu mesmo*". Entre um gole e outro de ginginha, "*com elas ou sem elas*", os camponeses desvalidos descobriram a solução brasileira. E vieram aos borbotões, principalmente para o estado e a cidade do Rio de Janeiro — ora, pá, mas não era onde o navio atracava?

Uma estatística do início do século XX aponta que, na primeira década dos anos 1900, instalaram-se no Rio de Janeiro cerca de 50 mil emigrantes lusos. Noventa por cento, do Norte português, local mais atingido pela crise gigantesca. Lá, quem enxergava um pouco mais longe não esperou a fome bater na porta, nem a Maria sair para catar o pão de cada dia. Vendeu a futura herança e embarcou. Tal e qual agiu *seu* Gaio, de Viana do Castelo, no Minho. Na primeira edição de *O português que nos pariu* afirmei que *seu* Gaio nascera em Vila Real, Trás-os-Montes. Após uma briga familiar — minha mãe e as irmãs não entravam em acordo —, as tias me soterraram em toneladas de documentos provando a origem certa do patriarca do clã. *Sorry*, periferia.

A mesma estatística descobriu que, no universo de emigrantes lusos, 10% eram mão de obra especializada; quase 30%, agricultores, e o resto não tinha especialização. Não sei como classificaram *seu* Gaio. Se nos 10%, nos 30% ou no resto. Mas sei que ele se deu bem. Morreu rico.

Os dois países contam versões diferentes sobre o destino dos emigrantes. Até hoje, Portugal acredita que os gajos se esfalfaram de trabalhar em uma pobreza bíblica, desprezados pelos brasileiros, infelizes, desgraçados, maltratados. Mas voltar para Portugal, quase ninguém voltou. Bem, de repente, só emigraram os masoquistas...

Nós, aqui, aprendemos que a remessa de dinheiro dos emigrantes para o torrão natal ajudou Lisboa a reequilibrar a combalida balança de pagamentos. Mais tarde, crescidinhos, constatamos que os donos das grandes redes de supermercados e do comércio atacadista de alimentação são todos portugueses, os infelizes-maltratados-que-sofreram-no-Brasil. No momento, estas grandes empresas são administradas pelos herdeiros brasileiros. Eu, pessoalmente, passei pela experiência de aceitar o convite para tomar um café no aeroporto de Lisboa. O casal anfitrião, alfacinhas emigrados, apresentou-se como donos de um botequim na Lapa, bairro menos nobre no centro da cidade do Rio de Janeiro. Na hora de pagar a conta, o cidadão — simples, coitado, simpático, tanta ternura eu sentia pelos companheiros de voo — arrancou do bolso um tijolo de notas de cem dólares. Esta escriba, Ph.D. em reprodução assexuada das samambaias, levava míseros 200 dólares por saber que, na próxima escala, cairia no colo da filha residente na Hungria. Como se vê, o diabo não foi tão feio quanto o português contemporâneo gosta de pintar.

Portugueses e brasileiros têm muito a comemorar. Nós, pelo passado comum, a beleza do idioma, traços de nosso caráter que nos fazem diferentes em qualquer canto do mundo. Eles, pela descoberta de um país-continente que lhes perpetua a língua e a riqueza dos costumes.

Somos, ambos, maravilhosos. Falta, apenas, nos descobrirmos.

De verdade.

Em tempo. Já que minha mãe desnorteou-se geograficamente e empurrou o avô para Vila Real, estou desaprendendo o hino de Trás-os-Montes que, eventualmente, cantava para ela e meus filhos.

Decidi limitar minha sabedoria musical ao Hino de Portugal, que canto de fio a pavio desde os tempos de menina.

Uma canção nacional é mais chique, certas ocasiões exigem solenidade...

Mapa de Waldseemuller

Este livro foi composto na tipologia Arrus BT,
em corpo 10,5/15,5, e impresso em papel off-white 80g/m²
no Sistema Cameron da Divisão Gráfica
da Distribuidora Record.